アーノルド=ジョーゼフ=トインビー

トインビー

●人と思想

吉澤 五郎 著

69

CenturyBooks 清水書院

まえがき——トインビーの魅力

これまで「偉大な歴史家」と目される人びとには、たんに学問的な業績だけでなく、その人となりと思想の魅力について語りつがれることが多い。歴史を学ぶことは、つきるところ人間の豊かな感受性と判断力を土台にしている。そのような人格的基盤の上に立ってこそ、はじめて卓越した歴史的知見と叡知が生みだされるといえよう。その意味で、トインビーにみる人と思想の魅力とは何であろうか。よく「トインビーには人を打つものがある」といわれている。ここに、その中心点を大づかみにとらえてみたい。

トインビーの魅力の第一点は、まず世界的な視野ということである。一般にトインビーは、「二〇世紀最大の歴史家」と呼ばれている。その新しい歴史学の特徴は、歴史の単位を「文明」とし、その比較研究を通して、世界史の構造と意味を考察しようとすることにある。その意味合いを史的にあとづければ、一九世紀までの歴史学では、歴史の単位と主役は、一国家であり、一民族であった。すなわち、歴史とは「自国の国民の歴史」であり、「ヨーロッパが世界史である」ところに成立をみたものであった。したがって、これまでの伝統的な歴史学の主潮は、ナショナリズム史観や西洋中心史観によって色濃く染められていたといえよう。

しかし今世紀においては、ヨーロッパの優位という一九世紀的現実が大きくゆらぎ、「ヨーロッパの時代」という言葉の響きも、過去への郷愁を示すにすぎなくなった。世界史の新しい舞台には、すでに多くの非西洋文明が登場し、「一つの世界」への構想が語りはじめられている。もはや全人類の過去は一つの共通の遺産となり、その未来は一つの共通の運命をになうものとして自覚されねばならない。このように新しい時代の黎明《れいめい》を迎えるとき、全人類の問題にとりくむ歴史家こそ、「現代にふさわしい歴史の見方と態度」への範を示すべきであろう。すでに人類は、宇宙から地球を見ようとしている。今日の「全地球文明の時代」には、なによりも歴史にたいする全体的で包括的な研究が重要であるといえよう。

トインビー自身、「自分の住むところだけを世界である」とみる自己中心的な視野の偏向を「パロキアリズム」(地方人根性)と呼び、その克服になによりも意を注いできたといえる。事実、彼の学問的遍歴をみても、自分の専門分野であるギリシア・ローマ史の枠組をこえて諸文明の比較研究へと視圏を広げ、やがて世界史への道を歩むことになった。トインビーは、かねがね個々の専門的な知識におおわれるあまり、全体としての「歴史する心」を見失ってはならないと肝に銘じていた。それだけに、世界史の全体的な関連と意味を得ることに心をくだいていた。そのような自己の学問的立場を「ゼネラリスト」(総合主義者)として自覚し、ややもすれば「重箱の隅をほじくる」ことになりかねないスペシャリスト（特殊専門家）の知的不毛性に一線を画している。

これから望ましいことは、やはりスペシャリストも、全体的な地平にまで視界をひろげ、ゼネラリストの問題提起にも耳をかたむけるべきであろう。それにしても、たえず自分の生まれ育ったイギリスとヨーロッパをこえて、あらゆる地域と人類をつつむ「真の世界史」を情熱的に探究したトインビーの姿は、啓発的である。その世界史を見つめる慧眼《けいがん》は、歴史学上の論難をこえて、まず人びとの心をとらえ、新しい眼を開かせてくれるといえよう。

トインビーの魅力の第二点は、自己偏見の克服ということである。これまでの人類史の営みにおいては、不幸にもさまざまな歴史上の偏見が付着している。その中でも人種差別は全面的に人間を否定する最悪のものであり、そのほかにも民族的差別や宗教的差別などが深い地層に滲《し》みわたっている。トインビーの目ざす新しい歴史研究を押し進めるためには、まずこれらの厚い偏見の壁をのりこえることが必要である。トインビー自身の生涯にわたる思索も、まさにこの課題を基点にしているといえよう。すなわち、自己の内部に巣食っている「西欧的な思惟と形式」の限界を自覚し、また「西欧人の眼で見た世界史」の偏見を脱却しようとつとめたものであった。

歴史の研究にあたっても、まだ世界制覇の夢が醒めない西洋文明の傲慢《ごうまん》さと偏見をのりこえるように、細心の注意をもってのぞんでいる。むしろ威容を誇る強大な大文明よりも、その陰に隠された弱小の文明への同情と共感が胸中にあふれているともいえる。一例をあげれば、トインビーが当初の「文明表」の中で二一の文明をあげ、それぞれを同格、平等な立場でとらえようとしたのも、西洋中心史観の軌道修正を意図したものであった。

またこれからの世界史の見通しについても、トインビーの非西洋文明にたいする期待は、ことのほか大きなものがあった。今日人類は、自殺的狂気を避ける方途として、「世界文明」の樹立を要請されている。もしその「一つの世界」が実現した場合、たとえその基盤は西洋文明によるものとしても、世界史の主導権はどの文明がになうのであろうか。トインビーはその主役として、はじめは「寛容の精神」に富むインド文明に、晩年には先進諸国の過度な工業化を自制し「農工のバランス」をたもつ中国文明を見立てている。当然そこに迎えられる精神的な原理も、新たな装いをつくることになる。これまでの「人間による自然の支配」といったユダヤ教や西洋のキリスト教的自然観がしりぞき、「人間と自然との調和」を説く東洋のヒンズー教や仏教、さらに道教や神道の精神がよみがえることになる。いわゆる「西洋が東洋に学ぶ日」がやがて訪れることを、トインビーは示唆している。

このようなトインビーの想定は、個人的な宗教観にもよく映しだされている。トインビーの回想によれば、彼自身、子供のときから英国国教会のクリスチャンとしての教育をうけた。それだけに聖書に親しみ、ユダヤ教的、あるいはキリスト教的歴史観が深く脳裡《のうり》をしめることになった。おそらくその影響は、生涯にわたるものであろう。しかし自己の成長とともに、キリスト教の正統的な教義への懐疑もしだいに芽生えてきた。その点で「躓《つまず》きの石」のすくないのはゾロアスター教であり、自分のような異端をうけ入れてもらえる寛大な宗教は、ヒンズー教であろうかと述懐している。

もっとも、トインビーの胸中には、「宗教的な真理や救済の道は一つではない」という信念がひそんでいたといえる。したがって、キリスト教の本質を示す「自己犠牲的な愛」を実践したものは、キリストであるとともに仏陀であり、菩薩《ぼさつ》でもあると解釈する。また主著の集大成となった『図説・歴史の研究』のプロローグが、「お前たちはすべて神に帰らねばならない」というコーランの言葉で結ばれているのも印象的である。なかでもとくに注目されることは、諸宗教の和解と共存への道をきずく第一歩として、まずキリスト教の伝統的な信念とされる排他性と不寛容の精神をとりのぞくように提案していることである。

このように、自分の属するキリスト教にもきびしい批判をくわえ、また自己の知的良心をかけて人間事象のなかに重くよこたわる「偏見と差別」の諸相を鋭く問いつめようとしたトインビーの思考と行動は、刺激的である。それは、新しい学問的な姿勢としてだけでなく、これからの地球社会に居住する人間にとって、もっとも重要なセンスであり、基本的なモラルとなるものであろう。

トインビーの第三の魅力は、虐げられたものへの共感ということである。よくトインビーが好んで用いる言葉の中に、アイスキュロスの「悩みを通して智はきたる」という句がある。それは人間が苦しむことの尊さを暗示しているといえよう。一般の常識的な見方では、虐げられたものや抑圧されたものは、社会的に無力であり、とるにたらない存在として無視されるのが通例である。しかしトインビーは、むしろそれらの歴史の底辺にたたずみ、疎外された人びとの中に、未来への創造性がやどることを見とっている。このトインビーの発想と着眼は、まことにユニークであり、常識的な思考に衝撃をあたえずにはおかない。

このような主題をもっとも象徴的に示す歴史的事例が、世界宗教としての高度宗教の誕生である。高度宗教は、これまで二千年余の風雪に耐えて多くの人びとの生きる目標となり、精神的な糧をあたえてきた。しかしその成立は、決して恵まれた環境においてではなかった。キリスト教や大乗仏教の場合をみても、すくなくとも社会の支配層や文明の勝者とは無縁であったといえる。それらの宗教をはぐくんだのは、むしろ社会的な権利と恩恵を奪われた「社会に属さない者」であった。さらに文明の出会いという、より広い歴史的舞台で検証すれば、勝利に陶酔する文明でなく、「敗北した文明」の側にあったといえる。いわば、社会から排除され、異質の外来文明に支配されるという最大の屈辱と苦悩に耐えぬく叡知が、精神的な次元へ心を開き、内面的な高度宗教への道をきずいたといえよう。

キリスト教や仏陀が説いた人生の目的は、現世的な支配や権力に甘んずるものではなかった。それは精神的で永続的な価値であり、自らも自己犠牲と物質的禁欲の道を実践した。それらの始祖に導かれた高度宗教こそ、その後の人類史の精神的な基軸となり、人間の救済と文明の和解をもたらす大きな原動力であったといわねばならない。宗教はまさに苦悩の表現である。その苦悩こそ、全人類に「救いのメッセージ」をあたえる歴史的創造の源泉であったことを読みとるべきであろう。

このような「苦悩と創造」のドラマを演ずる事例は、歴史上の他の一群の人びとにも認められる。たとえば、フランスのカルヴァン派の信奉者として弾圧され、亡命の運命を余儀なくされたユグノーこそ、じつは「近代科学」を推進する主要な開拓者であったといえる。さらに将来にわたっても、「世界国家」の有望なにない手としてトインビーが期待をよせたのは、ユダヤ人や華僑に代表されるディアスポラ（亡命離散民）であった。ディアスポラは、異郷の地のマイノリティとして文明のすさまじい闘争と葛藤の悲運に遭遇する日々を送った。しかしその苦境を刺激として、数々の社会的、宗教的創造に参与することになったといえる。またそのナショナリズムをこえた存在こそ、これからの「一つの共通の文明」をささえる輝かしい「世界市民」の資格を得るものとなろう。トインビーは、つねに歴史の勝者ではなく、敗者の側に立ちながら歴史を追体験し、苦悩の創造的意味を解き明かしてきたといえる。

このようなトインビーの洞察は、人類史の皮相的な理解をこえた深淵な意味を開示するものであり、感動的である。それはまた、人生と歴史の真のモチーフについて、新たな光をともすことになろう。ところで、トインビーが自ら対決し語りかける問題は、「現代の精神的な討論」として重要であり、現代人であるかぎりだれもが避けられないものである。既成の歴史的観念をこえるトインビーの知的挑戦に、われわれはいかに応答すべきであろうか。各自の胸に問いかけたい。

一九八一年七月

吉澤五郎

目次

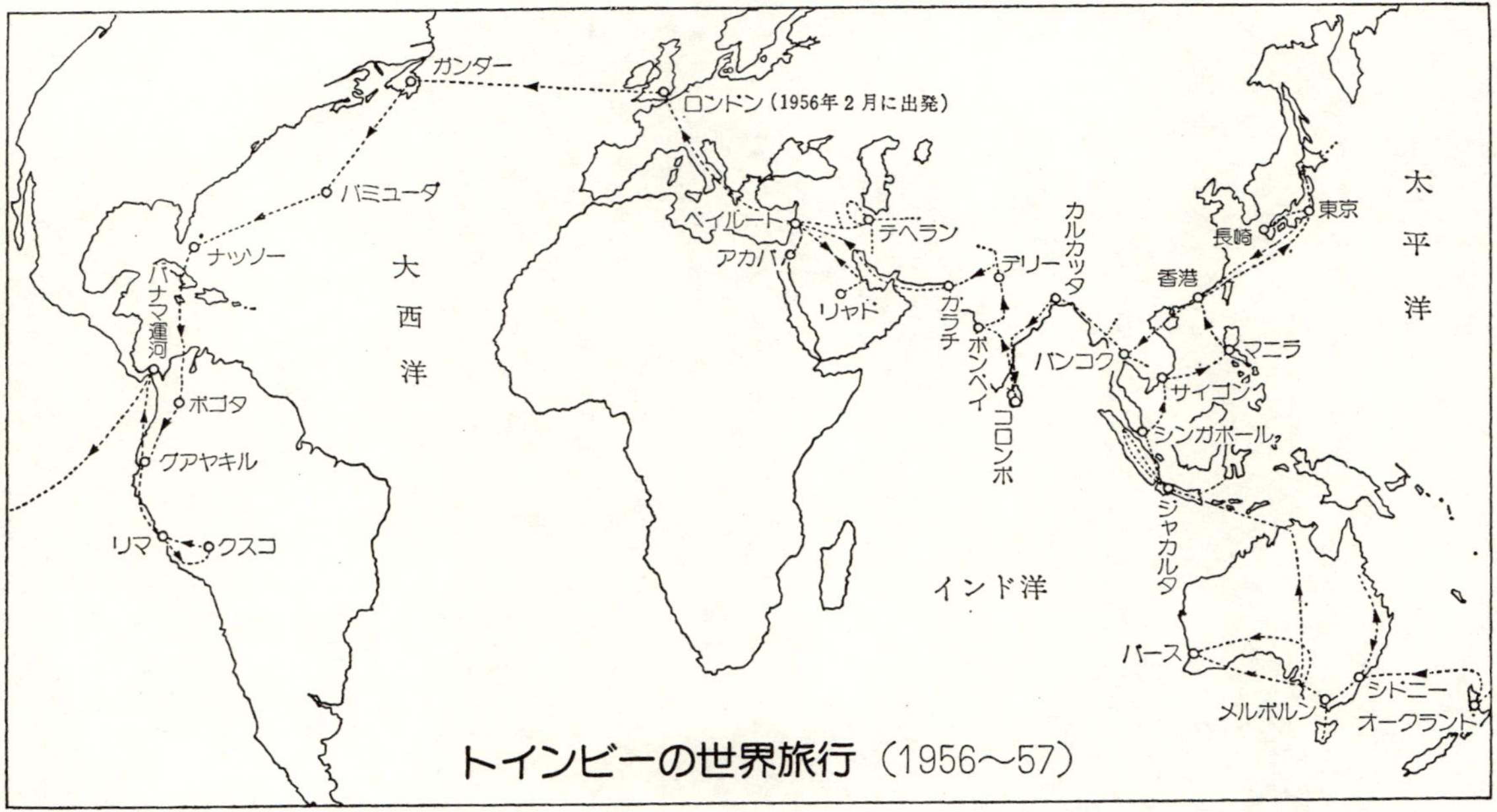

トインビーの世界旅行（1956～57）

I　トインビーの生涯と思索

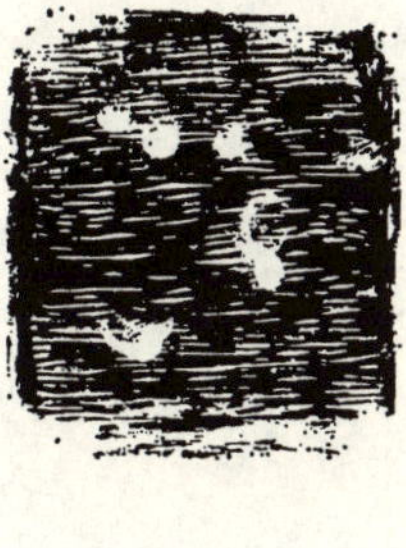

トインビー家の人びと

「トインビー」の由来

アーノルド＝ジョーゼフ＝トインビーは、一八八九年四月一四日にロンドンで生まれ、一九七五年一〇月二二日に八六歳の生涯を閉じた。トインビー Toynbee という一種風変わりな綴りは、じつはイングランド東部の地名にかかわるものである。本来は Toynby とされるものであろう。これを語源的にみれば、'Toyn' はオランダ語の「庭」を意味し、'by' はデンマーク語の「場所」にあたる。庭は普通囲い地であるので、トインビーとは、「防備を施した村」というほどの意味である。事実リンカンシャーには、トイントン Toynton という名の村がホーンカースル地方を中心に多くみられる。またその南部には、タンビー Tunby という村が存在したりする。このようにみると、トインビーの先祖の名は、おそらくその地名に由来するものと推測される。

また第一名（ファーストネーム）のアーノルド Arnold は、伯父の高名な経済学者アーノルド＝トインビーにあやかるものであり、第二名（ミドルネーム）のジョーゼフ Joseph は、有能な祖父ジョーゼフ＝トインビーに因んで名づけられたものである。そこで、まずこの二人の偉大な先達をはじめとするトインビーの家系を概観し、その環境に育ったトインビーの人格と思想形成の歩みをたどってみたい。

祖父ジョーゼフと伯父アーノルド

まず、トインビーの祖父ジョーゼフ＝トインビーは、ロンドンで最初の耳鼻咽喉専門医であった。同時に麻酔法の先駆者としても知られている。しかし、当時としてはまだ初期段階にあった麻酔剤の実験で、自ら一命を落とすことになった。それは、しばしば創意に富んだ先覚者にみられる、時代に先がけた試みの不幸な犠牲者であったといえよう。他面彼は、社会的良心に富み、公衆衛生の分野における草分け的存在でもあった。ジョーゼフ＝トインビーの短い生涯は、たんなる腕ききの開業医としてだけでなく、進取性と厳しい道徳性に導かれたものであったといえる。

幼時のトインビー

トインビーは、早世した祖父に思いをよせながら、もし彼が天寿をまっとうしたとすれば、その子供たちや孫たちの境遇は、はるかに恵まれたものとなり、今とは異なった運命をたどったかもしれない、と述懐している。というのは、祖父ほどの名声と伎倆《ぎりよう》があれば、おそらく一代で巨大な資産をきずくことは容易なはずである。しかし人間の常として、自ら骨折ることなく、安逸な生活に溺れることは、身の破滅を招きかねない。なぜなら、物質的に潤沢な環境は、往々にして自己の良心を曇らせ、知的創造性への意欲を麻痺《まひ》させるからである。人間の幸福は、「豚の幸福」ではないはずである。その意味で、トインビーは「幸いにしてその運命から免れる」ことになった。

もう一人トインビーの名に冠せられている伯父アーノルド＝トインビーは、イギリスの名高い経済学者である。今日では教科書的概念となっており、世界中のすべての歴史家が用いている「産業革命」という言葉の生みの親でもある。彼は、オックスフォード大学で、一八八一年の一〇月から翌年の五月にかけて英国経済史を講義し、それに「産業革命」という標題をつけた。厳密にみれば、この「産業革命」という用語は、それまでにもエンゲルス、J・S・ミル、マルクス等によっても用いられている。しかし、今日のように歴史学上の重要な概念として使用されるようになったのは、アーノルド＝トインビーの功績に負うものである。もっとも彼自身は、一八八三年に三〇歳の若さで急死し、講義も未完に終わっている。しかしこの若き俊英を記念して、その講義録が二人の優秀な受講生によって編集されることになり、『産業革命史』（一八八四）という標題で公刊された。この二人の学生とは、のちに著名な経済史家として名著をのこしたW・J・アッシュレーであり、ホルトン＝キングであった。同書は、当時産業革命についての唯一の権威ある文献として、広く読まれた本である。そのため、戦後日本にトインビーの名が知らされたとき、だれしも最初に連想したのは、伯父のトインビーの方であった。

「永遠の生命を宿している」

しかし今日では、この『産業革命史』が著されて、すでに一世紀近くを過ぎている。その概念も、時代の推移とともに洗い直す必要にせまられている。たとえば、産業革命を歴史上の一定時期に固定させてとらえた「狭義の産業革命」には、反省と新たな理解が必要であろう。とはいえ、産業革命を、一八世紀末のイギリス的現象としながらも、それを「革命」としてとらえたのは、アーノルド＝トインビーが最初であり、まさに卓見であった。事実、産業革命後の機械文明は、八〇〇〇年にわたる人類史の大半をしめた機械以前の時代に比べ、まさに「文明の変革」を意味しているからである。そのいまだ「完了しない革命」の結果、人類は今日未曾有の危機の淵に立ち、ふたたび「ノアの洪水」に見舞われようとしている。このように、産業革命の波紋を科学史のみでなく、文化史的に吟味する上でも、アーノルド＝トインビーの業績を見落とすことはできない。

同時に、この『産業革命史』は、後半の第二篇で、イギリスの古典経済学批判を試みている点でも注目される。いわゆるアダム＝スミスからベンサム、リカルドにいたる正統派経済学説を再検討し、新しい事態に対応する経済学の必要性を説いている。それは後年トインビーが、イギリス史学の金字塔的存在とされる『ケンブリッジ近代史』を批判した勇気を思いおこさせる。アーノルド＝トインビーは、わずかに一冊の本をのこして世を去ったが、その学問的挑戦と意義は大きなものがある。トインビーは、『産業革命史』について、「伯父の人格があの本の中で満ちあふれ、永遠の生命を宿している」と述べ、敬慕の情を深めている。

トインビー－ホール

他面、アーノルド＝トインビーは、これまでにみた経済史家であるとともに、社会福祉事業の先駆者としても名を馳せている。彼は、一八七三年にオックスフォード大学に入学して以来、生涯その地にとどまることになった。そして研究と教育に身を捧げたが、また社会的理想と改良にも情熱を燃やした。彼の人柄は、まさに宗教的、道徳的に敬虔であり、つねに真実と純粋を愛し、簡素な生活をモットーとした。その品位をそなえた人生態度は、学生時代の友人から「聖アーノルド」と綽名《あだな》されたほどである。トインビーは、社会改良に腐心する伯父の意図について、「彼は父親の影響をうけて、産業革命によって一層拡大されたイギリスの労働階級と中産階級との間の距《へだた》りに橋をかけようと試みた」と述べている。

産業革命の現実は、科学史や文化史にかかわるだけでなく、社会史においても大きな痕跡をのこすものであった。というのは、産業革命は、一面たしかに近代的工場制度への転換によって、生産の集中と躍進をなしとげ、社会の進歩と繁栄を約束するものであった。しかしその目ざましい繁栄の陰に、「見えざる革命」が徐々に進行していた。産業革命の進展とともに、資本家とプロレタリアートの対立が顕著になり、貧富の差が拡大した。両者の利害対立は、社会組織を二極に分断するという不穏な事態を招き、あたかも「二つの階級」、「二つの国家」が存在するかのような様相を呈した。なかでもイギリスの場合は、世界に先がけて産業革命を体験し、その中心舞台となっただけに深刻な問題が押しよせていた。具体的には、工場労働者の不安定な身分と人間疎外が、日毎に増大することになった。一方では、労働の加重強化が進行し、一日一二、三時間を標準として、ときには一四、五時間以上にもおよぶ労働を強いられた。他方では、低賃金で動員された幼年や婦人労働といった労働条件の悪化をもたらした。さらに彼らを待つ住居は、不衛生なスラム街であり、悲惨をきわめるものであった。

このような産業革命によってもたらされた社会の暗黒面は、アーノルド＝トインビーのナイーブな心に、大きな動揺をあたえずにおかなかった。社会的正義の実現は、たんなる感傷的なユートピアを描くことではない。また国家権力による立法措置を講じることでも不十分であり、それ以上のものが必要であると痛感された。根本的には、なによりも人間の社会的関係の改善が急務であると考えられた。有名なロバート＝オーウェンに代表されるイギリス人道主義的社会主義の成立も、この現実を背景としたものといえよう。アーノルド＝トインビーは、虚弱な身体を省みず、自らロンドンのイーストーエンドのスラム街に住み込み、住人と労苦を共にした。それ以来、過度の疲労を癒すいとまもなく、救貧事業に心血を注ぐことになった。おそらく、その激務と闘争の日々が、アーノルド＝トインビーの命を縮める要因であったともいえよう。

ロンドンのイーストーエンドに設立された世界最初の大学セツルメント「トインビーーホール」

は、まさに彼の偉大な業績を記念するものである。その目的は、すくなくとも第一次世界大戦まで特権的な位置をしめたオックスフォード大学が、そのあたえることのできる最良の文化的教養を、イースト－エンドの恵まれない住人と分かちあおうとしたものである。大学を出てロンドンに就職した青年たちがここで共同生活を送り、各種の社会的・文化的な活動と奉仕を行うしきたりがここに敷かれることになった。このアーノルド＝トインビーの人柄と生涯を飾るにふさわしいトインビー－ホールの初期居住者には、後年英国労働党の党主となり、首相をつとめたC・R・アトリーの名をみることができる。

処女作の波紋

伯父アーノルド＝トインビーの死後に生まれたトインビーは、当然直接に会う術もなかった。しかし、その無言の影響力を見落とすことはできない。既成の学問をこえる新しい問題提起の歴史家として、また現実の問題に強い関心をよせる高邁《こうまい》な理想主義者としての伯父の面影は、誠実で真摯《しんし》な人柄も加味して、そのまま甥のトインビーに受けつがれているといえよう。こころみに、最初トインビーの名前が「アーノルド＝トインビー」と命名されたのは、「伯父アーノルドが早世してから最初に生まれた男の子である」ことを記念するものであった。今日両者を比較するとき、たんなる偶然性をこえた共通性を読みとることができる。

しかし、「有名人の名をつけられると、なにかと都合の悪い面がある」とトインビーに苦い思いをさせたエピソードがある。自分の名でありながら自分のものでない、といった宙に浮いた感じが消せなかった時期のことである。というのは、トインビーは、一九一五年の二六歳のとき、『民族と戦争』という処女作を出版した。表紙には、当然のことながら、「アーノルド＝トインビー」と記名した。全精力をつぎこんだ処女作は、温かい祝福を受けるのが世のならいであろう。ところが数日後、九人いた伯父母の一人をのぞき、筆をそろえてトインビーに攻撃の矢を向けてきた。「お前はなぜ本の表紙にアーノルド＝トインビーという名を入れたのか。あれはお前の名ではない。お前の伯父さんの名前だ」というものであった。トインビーにしてみれば、その名前はもともと赤ん坊のときに、彼らの希望と期待によってつけられたものである。自ら僭称《せんしょう》したわけではない。このいわれのない非難に、トインビーは当惑を禁じえなかった。しかし「一家に波風を立てないように」という配慮から、その後は第二名（ミドルーネーム）に祖父のジョーゼフを加えることになった。すなわち、アメリカ式にならって「アーノルド・J・トインビー」と署名することになった。

このとき、ただ一人非難の手紙を書かなかった婦人がいた。その人こそ、本来なら誰よりもその権利を有したアーノルド＝トインビー未亡人である伯母シャーリーであった。伯母は、ある日トインビーから届けられた五〇〇ページ余のかなり部厚な処女作を手にとりながら、「あなたの伯父は、こんなに大きな本を書くことはできませんでした。可哀そうな青年だったこと」とふと漏らしたことがあった。この言葉は、傷心のトインビーに、心の安らぎをあたえるものであった。彼は幼児のときから、伯父を神のような存在として、崇拝にもにた感情をいだくようにしつけられてきた。今やその伯父に、トインビーは、人間としての身近な親しみと温かみを感じとることができた。伯父に対する深い畏敬の念を、彼は次のように述べている。「一九六六年の今日、私は伯父の死んだ年齢の二倍以上になっている。今の私の年齢まで伯父が生きていたとすれば、どんなに素晴しい仕事をしたことであろう。私が死んだとき、アーノルド＝トインビーが三〇歳で死ぬまでになしとげたことの半分の仕事を彼はやった、と世の人からいわれたら、それで私は自分の生涯の生きがいがあったと考えるだろう」。問題の署名の方は、最後まで生きのこっていた伯母が亡くなった後は、かつての禁制も解け、ふたたびアーノルド＝トインビーと記すことになった。その措置について、伯父は不要な俗事に興味を示さず、聡明な人であっただけにきっと許してくれるだろうと、トインビーには思われた。

パジェットとハリーおじさん　また、学者としてのトインビーの伯父には、このアーノルド＝トインビーの弟であるパジェット＝トインビーがいる。彼はダンテ研究家として著名である。その手になる『ダンテ辞典』（一八九八）は、当時唯一の英語文献であり、ダンテ研究の虎の巻として重宝がられたものである。日本においても、大正から昭和初期にかけてのダンテ研究者にあたえた影響はきわめて大きく、その恩恵を受けなかった学者は皆無であるといわれる。

このパジェット＝トインビーとの出会いは、トインビーの学問的態度を、逆説的な意味で方向づけるものであった。かつてトインビーは、たまたま伯父の家に滞在したことがあった。その折書庫でいく種もの本を読みあさっていた。そのとき、伯父は「お前は興味を広げすぎている。お前の専門を決めなければいけない」と忠告した。トインビーは、その場は一応丁重に礼を述べながらも、心の中で「こんな忠告は受けいれるまい」とかたく決めた。事実その後のトインビーは、ギリシア・ローマ史を専攻する運命にありながらも、その狭隘《きょうあい》な制約をこえることに終始努力を注いだ。そして、文明の比較研究を軸とした世界史の研究へ大きくはばたくことになった。いわば、このスペシャリストからゼネラリストへの学問的改宗は、ダンテ研究に閉じこもり、「ダンテ辞典」一冊を著すだけにとどまった伯父にたいし、精神的な訣別を告げるものであった。

ヘンリー＝トインビー

そのほか、幼児のトインビーに「忘れられない影響」をあたえたのは、「ハリーおじさん」の愛称で親しまれる大おじのヘンリー＝トインビーである。祖父ジョーゼフの弟にあたり、長年東インド会社の船長をつとめていた。愛妻を亡くした晩年は、トインビー家に同居することになり、それだけにトインビーとの日常的な交わりも深かった。トインビーの『交遊録』の最初のページを飾るのも、このハリー大おじである。その章では、多くの興味をひくエピソードが語られている。そのいくつかをあげてみよう。

まだ三歳になったに過ぎないトインビーに、「人間はしあわせになるためにこの世に生まれてくるのではない」とただごとならぬことを言い聞かせたのも、じつはハリー大おじであった。それだけでなく、「人間はしばしばいわれのない罪に問われることがある」という矛盾を、身をもって示してもいる。人並みの人間であれば、だれでも人生の幸福を夢見て生きるものである。また身に覚えのない嫌疑をうけ入れることは、不合理であり、苦痛である。しかし、その人間の自然な感情をふみにじるようなハリー大おじの冷厳な言動は、一面人生と歴史の裏面の真実を告げるものかもしれない。その意味で、終生トインビーの心に刻みつけられることになった。

ハリー大おじは、また子供の躾《しつけ》と教育にも厳しかった。トインビーにも、よく自分の子供時代の体験を話して聞かせることがあった。たとえば、つぎのような話である。ある日、ハリーが本を読んでいるとき、父からお使いに行くよう命じられた。彼は読みかけの本の区切りがいいところで命令に従うつもりでいた。その瞬間をぬって父はステッキで本をたたきつけた。ところが力余って本だけでなく、彼の手まで傷つける羽目になった。父はそのあと、早速代わりの本を買いあたえたということである。ハリー大おじは、子供に善悪のけじめと服従の慣習を身につけることに厳格であった。それだけでなく、同時に公平さも期していたのである。

ハリー大おじのエピソードは多彩であり、尽きないものがある。彼は、独得のピューリタン的信仰の持ち主で、戦闘的な反教皇主義者であったといわれる。その変わりようは、カトリック枢機卿の緋色《ひいろ》の帽子よりは、マホメットのターバンの方がましだとする主張にもうかがわれる。トインビーの両親もプロテスタントの信者であったが、むしろ自由主義的で穏健であった。それだけに、ハリー大おじの度が過ぎた宗教的偏見の害毒が、わが子トインビーに伝染しないように、つねに気を配っていた。トインビーは、両親との板ばさみの中で、「ローマーカトリック教とイスラム教のどちらに対しても好意的な態度をとる」ことによってこの問題を解決した。トインビーの宗教観には、狂信性にたいする深い警戒心がある。その自制的な態度は、この家庭の雰囲気のなかで培われたものである。

しかし、他方でハリー大おじは、幼いトインビーの心に、広大な世界への夢をいだかせる窓口ともなった。彼の前半生における世界周航の経験と、家中を埋めつくした異郷のインドや中国の珍しい骨董品の山は、トインビーの好奇心を刺激し、未知の世界への尽きない憧憬をさそうものであった。歴史家の探究は、まず好奇心を導火線とするものである。その意味で、世界的な視野への開眼を用意した彼の貢献は、特筆されるべきであろう。トインビーの人格形成にとって、ハリー大おじとの出会いは、起伏に富んだものであったが、その強力な影響力を否定することはできない。

父と母と

ところで、もっとも身近なトインビーの両親についてみよう。父ハリー＝ヴァルピー＝トインビーは、医師であるとともに、熱心な社会事業家でもあった。父の家庭は、祖父ジョーゼフ＝トインビーの思わぬ急死によって、その経済状態は傍目ほど裕福なものではなかった。そのなかで父の生涯は、社会正義と人道主義的な信念に立った社会奉仕活動に捧げたものであった。すなわち、ロンドンに本部をおく「慈善事業協会」の支柱となって、病いに倒れて職を引くまで献身的な努力をはらった。この協会は一八六九年に設立されたものであるが、その背景には一八三四年の「救貧法」がある。当時イギリスでは、テューダー王朝下の大きな社会的および経済的変動によって貧民の数が激増した。その貧民を救済しようとする公的な制度が救貧法であった。ハリー＝ヴァルピー＝トインビーが所属した協会は、その精神を受けつぐ慈善団体であり、「イギリス中産階級の良心」を示す画期的な意味をになうものであった。トインビーが回想するように、父の情熱は、今日になってやっと社会福祉が高揚されるように、「ずっと後にならなければ実現できないことに一生懸命いどんでいた」ということになろう。トインビー史観の根底には、つねに虐げられたものの痛みと苦悩にたいする共感がある。歴史上のいわれのない階級的偏見や人種的優越感を自省し、脱却しようと全力を注いだところに、トインビーの一生があったともいえる。その厳正な良心と誠実な奉仕的精神は、祖父ゆずりの父のイメージにあずかるところが大きいといえる。

トインビーの父と母

他方、母セアラ＝イーデス＝トインビーは、イングランド中部のバーミンガムで、鉄道車両の製造を営む工業資本家エドウィン＝マーシャルの娘である。ケンブリッジ大学のニューナムーコレッジで歴史学を専攻し、大学優等卒業試験を最優秀でパスした才媛である。一時教職についており、イングランドやスコットランド史の教科書を書きのこしている。折にふれトインビーが語るように、母の知的魅力とその影響力は非常に強いものがあった。まだ五歳になったばかりの幼いトインビーに、歴史に対する興味をそれとなく植えつけたのも母である。すなわち母は、経済的事情で乳母が去った後、「毎夜トインビーをベッドに連れてゆき、寝かしながら、イギリスの歴史をはじめから少しずつ話し聞かせること」を日課とした。母の話上手もあり、トインビーは子供ながらにその寝物語を最上の楽しみにしていた。学者であった二人の伯父の血筋にもよるが、トインビーが歴史家の道を選んだのは、やはり「母が歴史家であったから」という一言につきそうである。

トインビーの歴史への興味は、たしかに母によって育まれたものであったが、その後の歴史家としての方向は相互に異なるものであった。いわゆる「母親とは大変種類のちがう歴史家」として成長を遂げることになる。すなわちトインビーの歴史研究は、「歴史の事実」だけでなく、「歴史の意味」を求めたものであった。歴史家としての目的と使命は、母のイギリス史という一国史の枠組をこえて世界史に目を開き、歴史的現象の背後にある精神的実在を探究することにあると考えた。今日トインビー史学が、歴史の意味と目標を問う「形而上史学」として脚光を浴びるとともに、反面厳しい調子の論難をあつめる事情がここにみられる。それはともかくとして、歴史家としての母の感化力は、当然トインビーの二人の妹にもおよぶものであった。上の妹ジョスリン＝メアリー＝トインビーは、ケンブリッジおよびオックスフォード大学で古典考古学の教授を歴任し、その学殖と評価は兄トインビーを凌《しの》ぐほどであった。また下の妹マーガレット＝トインビーも、同じく歴史家であり、リンカンシャーの歴史を調査することから、トインビー家の系図をたどり祖先の割り出しに成功している。

これまでみたように、トインビー家は、多くの逸材を輩出している名門である。ところで、その由緒ある家系を一貫して流れる精神的遺産とは何であろうか。端的に言えば、その一つは、社会正義への不滅の情熱であり、他の一つは創造的な知性の伝統である。この二つの貴重な精神は、今日トインビーの思想や歴史観の源泉として受けつがれ、新たに再生されることによって、トインビー史学の大きな魅力を形づくっているといえる。

トインビーの学風

「生きた歴史」と信条

トインビーは、一九七四年八月に脳出血で倒れて以来、長年住みなれたロンドンを離れ、ヨーク市郊外で療養中であった。その後、病状は回復の兆しをみせず、容体の悪化と避けられない死の運命が憂慮されていた。したがって、トインビーの死という「不幸な訪れ」は、前もって予知され、覚悟されたものであったといえる。

いまここにとくに個人的な追憶をたどれば、私がトインビーと直接出会ったのは、一九六七年の京都国際会館での講演のときであった。最後の来日の機会となったこの講演は、「人口の都市集中化における問題とその対策」と題され、世界的な課題となっている人口問題および都市問題を解明するものであった。今日、世界人口の増加とその都市集中の潮流は、間もない二一世紀初頭において、「巨大都市」(メガロポリス)の世界連続体である「世界都市」(エクメノポリス)の出現を予想させる。日本においても、トインビーに〝密室恐怖症〟を感じさせた東京を起点に、大阪、神戸に貫通する東海道メガロポリスは、すでにいち早く未来都市の錯綜《さくそう》と不安の徴候を告げているといえる。この未来都市のはらんでいる数多くの危険や恐怖をどう取りのぞくかは、今日焦眉《しょうび》の問題である。一九七六年にカナダのヴァンクーヴァーで開かれた「国連人間居住会議」(ハビタット会議)の論点も、この「病んでいる地球」の解決策の国際的合意と協力体制をとりつけることにあった。

トインビーは講演のなかで、このきわめて緊急かつ重大な問題にたいし、都市形成の歴史と機能をあとづけながら、世界都市をいくつかの小都市に分散させる積極的な計画と対策の必要性を説いた。そこには、コミュニティの理想としてみられるギリシア都市国家と、そのアンチテーゼとして、権力を志向した近代国家との対比があり、また文明の比較史的方法を軸としたトインビー独自の問題提起と把握がみられ注目を浴びた。かねてよりトインビーは、都市問題について関心をもち、その造詣も深いものがあった。その一端は、今世紀最大の都市計画学者であるコンスタンティノス＝ドキシアディスとの出会いと理論の継承から、『都市論』(一九六七)の大著を編纂し、また『爆発する都市』(一九七〇)を著したことからも推察できる。とりもなおさずこの講演は、現代の問題にとりくむトインビーのひたむきな情熱をうかがわせるものであり、「生きた歴史」の面目を十分に伝えるものであった。

他面そのおりの、世界的な歴史家として名声を博しながら、ひたすら謙虚で温厚な人柄は、真の偉大さというものの意味を伝えるようで、いまもって偲《しの》ばれるものがある。こころみに、トインビーが日々実行につとめた人生上の信条は、「愛を捧げる。たとえそれが自己犠牲に終わるとも」であった。自ら範とした聖フランシスコや仏陀のように、自己を律するに厳しく、他の人びとにたいし寛容と愛に満ちていた。それは、文明史上につきまとう数々の偏見と傲慢の壁をのりこえ、人類史の包括的な研究を目ざすトインビーの人格的な一側面を物語っているといえよう。

もう一つの仕事

ところで、トインビーはすでに、自叙伝の『回想録』(一九六九)のなかで、一九六六年の一月をもって、当時予定していたすべての仕事が完了したことを述べている。丁度『ギリシア史の諸問題』(一九六九)の原稿を脱稿した年である。だがそこに、最後にのこされた「もう一つの仕事」があった。

それは、人間の原罪とも目される自己中心性の克服に、自己の人格をかたむけることであった。すなわち現象の背後にある精神的実在と交わり、その調和に自己を近づけることである。いわば、人間の究極的な目標に向けての精神的な船出であり、また人間が自己に課しうる最大の試錬への挑戦である。そこには、すでに自己の生涯を回想し、人生の終末としての死について思いをめぐらす高邁なトインビーの姿が認められる。そのような死への関心と思索の航跡は、晩年におけるいく冊かの著作や断章のなかにみることができる。たとえば、日本でも大きな反響をよんだ『未来を生きる』(一九七一)は、若い世代に深い理解と大きな期待をもつトインビーの〝遺言の書〟ともいえるものであった。その最終章には、「世を去るにあたって」という、つぎのような辞世の句がのこされている。

この世はたえて空にもならず、静かにもならぬ闘技場だ。

闘技者と観衆はすばやく交替する。

彼らは来ては去るが、演技は続いてゆく。わたしは熱心な参加者で、鋭い観察者だった。

わたしは人間がますます力強く、ますます無力に、ますます荒々しく、ますます錯乱してゆくのを見てきた。

何という因果を人間は自らのためにたくわえているのだろう？

わたしはその劇の結末を、いや、いま進行の、いたましいこの幕の終りさえ、見るまで生きられないだろう。

わたしの死んだ後に何がおこるか気がかりだ。

わたしは若い世代とまだ生れて来ない次の後つぎを手さぐりする。

まもなくわたしは立ち去るだろう。だが後代への関心は残るだろう。

それは人類とともにながらえるだろう。なぜならそれは未来の全世代を包括するからだ。


さらに同書のなかで、「死を迎える心」について、「親愛な仲間に助けられ、最後の、そして最良の友人として死を迎えたい」との心境が語られている。トインビーの死生観は、一言にしていえば、死による生命の断絶を説くルクレティウスの思考に一面惹かれながらも、最終的には、超人格

書斎にて

的な不滅を信じるヒンズー教的な見解に近接しているといえよう。実際に「予定された仕事」をなしたという人生の白紙状態は、その終わりでなく、真の始まりを告知するものと考えられた。その観念は西洋的というよりインド的死生観に近いものであり、晩年におけるトインビー思想の遍歴と到達点を思いうかばせる。またトインビーを中心に編纂された『死について』(一九六九)は、トインビーの死生観を集約した著作として注目される。これらの断章のなかにも、人生最後の境位を自覚し、死という人間の直面すべき峻厳な事実に、つとめて心の平静をもって対峙したトインビーの姿がうかがわれる。

もっとも、トインビーの死生観の端緒は、少年時代にやどされたものである。というのは、彼の名に冠することになった伯父の有名な経済史家アーノルド＝トインビーの三〇歳での急逝や、第一次世界大戦で、ウィンチェスター時代の深い友情に結ばれた友人の約半数を戦争で失った体験は、いやでも死の自覚をうながすことになった。とくに同世代の友人の死は、自己の生を凝視させる大きな衝撃であった。トインビーは余生とも映るその後の人生において、生きのこったものとしての責任から、つねに誠意をつくし、価値ある仕事の創造に専心した。トインビーの生涯における驚異的な業績は、まさにこの決意と努力に負っているといえよう。

しかし、このような死への瞑想《めいそう》が、他のすべての知的活動をさえぎり、萎縮《いしゅく》させたわけではなかった。事実トインビーがもっとも恐れていたのは、肉体的な死に追いつかれる前に耄碌《もうろく》し、精神的な能力を喪失することであった。その運命の影からのがれることは、ある意味で人間性をかけた闘いであった。かつてギリシア神話のヤーヌスは、人間には過去への顔と未来への顔の二つがあることを告げた。私たちは、とりわけ年をとるにつれて過去に想いをよせ、未来から眼をそむけがちである。

トインビーは、過去の想念のみに沈潜することを、死と等しきものと考え、なによりもこの誘惑につよく抵抗した。自己の安息だけを貪るのでなく、その死後の世界に強烈な関心と責任をもつことは、人間の倫理的な責務にほかならなかった。人間であるということは、つねに自己を超越しうる可能性を秘めることである。バートランド＝ラッセルは、その実践における師であった。その意向をうけて、トインビーの死後の予定表には、人類史の将来にまちうける多くの重要な問題が記されていた。すなわち、核兵器、人口爆発、公害、世界国家等の問題が、トインビーの脳裡をしめていた。それらの問題は、戦争を回避し人間の生命と自由を守るために、地球的な規模で検討され、人類の叡知をもって解決すべき問題である。一九七〇年代の八〇歳をすぎたトインビーの主要な関心と思索は、ここに注がれたといえる。

現代においては、すくなくともこのような歴史状況にかかわる明確な問題意識や実践的課題をもたなければ、歴史の深い読みこみは不可能である。そこに、両大戦間以後多くのすぐれた文明批評家が輩出する基盤があったともいえる。そのなかでもトインビーは、とりわけ大きな位置をしめている。トインビーをささえるこのような問題意識と、そのなかに脈打つ実践的意欲は、わたしたちも自省の念をもって学ぶべきであろう。

シュリーマンの経験　つぎにトインビーの学風についてみるとき、その歴史研究は、旺盛な知的好奇心と、創造的な著作活動によってささえられていたといえる。主著の『歴史の研究』（一九五四）のなかで自ら述べているように、歴史意識の覚醒は、まず豊かな感受性によって育まれる。当然のことながら、歴史的環境がおだやかなときよりも、荒波にさらされるとき、個々の人間の心に刻まれる歴史的印象は深化される。この感受性という歴史研究にとっての最初の挑戦は、積極的な好寄心の応戦に受けとめられることによって、はじめて創造の火がともされる。

そのもっとも輝かしい事例としてトインビーの心を魅了したのは、ハインリッヒ＝シュリーマンであった。ミュケナイ文明とトロイア文明の発見者であるシュリーマンの好寄心を、メークレンブルクから地中海に転じたのは、少年時代に父から聞かされたトロイア戦争の物語であった。その折の感動は、やがてトロイア実在の確信に高まり、その発掘を決意させた。そこに波瀾に富んだ生涯がくりひろげられることになる。すなわちシュリーマンは、一四歳から四一歳までの期間を、刻苦して財産の蓄積についやし、他方語学の研鑽《けんさん》につとめ、一三カ国語を習得するにいたった。この発掘調査の基礎作業をへて、四六歳から六八歳までの期間、「ホメロスの世界」の発見につとめた。そのひたむきな努力の結果、あらゆる予想をこえて念願の偉大な目的を実現し、「トロイアの英雄」という名をとどめることになった。それはまさに、「苛酷な環境の挑戦に対する不屈の好寄心の応戦」の英雄的見本であった。

このシュリーマンの経験は、やがてトインビーにも訪れた。もともと彼の生家は、典型的なイギリス知識階級の家庭であり、その教育環境は恵まれていた。祖父ジョーゼフは医師であり、伯父には、名著『英国産業革命史』(一八八四)をのこしたアーノルド＝トインビーや、ダンテ研究家として著名なパジェット＝トインビーがいた。なかでも、母親セアラ＝イーデス＝トインビーは、ケンブリッジ出の才媛であり、また『スコットランド史物語』等の歴史教科書を著した歴史家として、幼時のトインビーに深い感化をあたえた。彼は母親から毎夜寝物語に母国のイギリス史に関する話を聞かされ、自然に歴史についての興味を身につけることになった。

しかし一八九八年の八歳のとき、自宅の書棚にある四冊の叢書にふと目をとめた。『諸国民物語』に収められた四冊の表題は、「古代エジプト」「アッシリア」「メディア・バビロンおよびペルシア」「サラセン人」と記されていた。これらの本との出会いは、トインビーに、これまでにない新しい天体の出現にも等しい興奮をつのらせた。トインビーの全的思考をゆり動かし、生涯におよぶ不滅の火をともすこととなった。すなわち、かつて母親から授けられたイギリス史は、たまたま自分が生まれた西洋文明の一国史にすぎなかった。いまや、それは平凡な惑星として光を失った。以前と異なり、トインビーの視圏には、世界史を飾った歴代の文明像が大きく浮上してきた。ここに西洋中心史観を超克し、全人類史的な文明の比較研究におもむく、トインビーの知的飛翔の一こまがあった。

もはや、同世代文明の一国史にとどまることに満足できず、世界の文明に目をこらし、その歴史的舞台の検証に心を注いだ。なかでもトインビーは、「歴史感覚をとぎすます糧」として旅行を重視し、「膝の力の衰えぬ限り」現地の踏査につとめた。自分の足で歩き、自分の目で確かめ、その追体験を通して感得されるインスピレーションを大切に育てた。それは「数巻の文字や、写真や、地図を見るよりはるかに価値がある」と実感された。逆にいえば、人間と文明の歴史は、その空間を離れ、場所から遊離しては理解できないことを痛感した。

事実トインビーは、一九一一年から一二年のイギリス考古学院当時に、ギリシア・ローマ史の史跡調査に向かい、それ以来、中近東、南米、アジア、アフリカ等の諸地域を精力的に旅行している。とりわけ『歴史の研究』の主要なテーマは、一九二一年ギリシア・トルコ戦争の取材を終え、イスタンブールからロンドンへ向かう車中で書きとめられたものであった。また同書の一二巻（再考察・一九六一）のように、主な著作の刊行は、世界中を旅行し、あるときには講演し、あるときは学者と討議しながら、着手されたものである。トインビーにとって旅行は、かぎりない著作活動の開花と結実を約束するものであったといえる。それは他面、書斎に閉じこもった学問の独断性を制御し、生の基盤をはなれた文献史学の硬直性を癒すものとして重要であった。

精力的な著作活動　このようにトインビーを旅行にかりたてた好奇心は、さらにジョージ＝グロートやジェームス＝ブライスの先例に刺激され、著作活動の努力に向けられた。というのは、グロートは、『ギリシア史』（一八五三）の最終巻である一二巻の刊行と並行して、プラトンとアリストテレスに関する二つの姉妹著作に着手しており、息つく間もない勤勉な努力によって「三部作」の完成を期していた。

一方ブライスは、八〇歳の高齢に鞭うって名著『近代民主政治』（一九二一）を著した。この近代西欧世界の特異な政治形態に関する包括的な研究が、完成寸前にあるとき、トインビーは、G・D・H・コールの唱導していたギルド社会主義のことを彼に紹介した。ブライスは、当時新興イデオロギーとして見落としそうな、また厄介《やっかい》な文献を、早速丹念に調べ、著作のなかに書きとめて出版した。ブライスは社会主義者ではなく自由主義者であった。それだけに政治的偏見や心理的障害をこえて著作にとりくむブライスの廉直《れんちょく》な姿は、トインビーにとってひときわ感動的であった。それは「たえず多くのことを学びつつ、私は老いてゆく」というソロンの断片を想起させるものであった。八〇歳を過ぎても、ブライスの好奇心は一向に衰えを知らず、精神のみずみずしさを失わなかった。

このグロートとブライスの例は、励ましと戒めの念をもって、トインビーの心を鼓舞し、新たな研究意欲をそそうこととなった。トインビーの時間とエネルギーは、旅行に出かける以外は、書くこと、あるいは書く準備をすることについやされた。何かと口実を設け、骨の折れる仕事を漫然と先に延ばすような安易な態度を否定した。彼にとって、一つの著作の終了は、次の著作の予定をも同時に目論むものであった。たとえば、『国際問題大観』(一～一七巻・一九二五～五六)と『歴史の研究』(一～一〇巻・一九二七～五四)という二つの大著を並行して著し、後者が最終巻の一〇巻にさしかかったとき、すでにつぎの著作である『一歴史家の宗教観』(一九五六)と『ヘレニズム』(一九五九)の構想が実り、着手されている。たえざる著作への緊張と、その連続性がはかられていたといえる。それだけに、トインビーの著作は厖大な数にのぼる。

一九七二年にロンドンで、トインビーの学問的生涯と業績をあとづける「トインビー研究展」が

A Bibliography of
ARNOLD J. TOYNBEE

compiled by
S. FIONA MORTON

with a foreword by Veronica M. Toynbee

Oxford New York Melbourne Toronto
OXFORD UNIVERSITY PRESS
1980

300 ページをこえるトインビーの文献目録
(1980年)

開かれた。この展示会の一隅には、一四歳から八三歳までの七〇年間にわたる論文や著作が陳列された。その数は、じつに二九六編におよぶものであった。また晩年の著作活動をみても、トインビーの最新の考えを自らまとめた『図説・歴史の研究』(一九七二)や『コンスタンティン＝ポルフィロゲニトスとその時代』(一九七三)の大作をはじめ、いく冊もの著作を世に送っている。また、一九七三年に脱稿をみた遺著『人類と母なる大地』も、一九七六年にオックスフォード大学出版局より刊行されている。こころみに、一九五九年の、いわば七〇歳以降のトインビー著作数は、二〇冊余にのぼっている。そのほかにも、『未来を生きる』(一九七一)での若泉敬氏や、『二十一世紀への対話』(一九七五)での池田大作氏といった、ことに日本人との対談が刊行されていることは、記憶に新しいところである。外国の歴史家のなかでも、とりわけ日本の歴史に深い関心を示し、日本人の心と日本の自然をこよなく愛した親日家トインビーの面影が、そこにみられる。

一般民衆へ訴えかける

晩年にいたるまでの飽くことをしらない知的探究心と、精力的な著作活動は、たしかに、トインビー史学をささえる生命であった。しかし、トインビーの考える歴史研究の目標や歴史家の使命とは、それだけに尽きるものではなかった。そこにはまだ、歴史の意味を見いだし、その意味を解明する仕事がのこされていた。

一歴史家の研究の成果や集積は、究極的には、文明のレヴェルをこえる高次の「歴史における法則と自由」の問題に、昇華されるべきである。人類がその問題の本質をどのように読みとり、「神の法則」をいかに受け入れるかに、真の個人の魂の救済と、文明救済の道があると考えた。「自然の法則」に対応する「神の法則」は、自由の本質をいっそう明らかにするものであり、人間は自由意志をもってその受容を選択することができる。トインビーは、形而上史学のおちいりやすい一方向的な決定論を避け、二つの法則の統一と調和を説いた。ここには、「文明はそれ自身の力だけで、自らを救うことができるか」という根源的な問いが秘められている。人類にとって不可避なこの問いに応えることが、歴史家に託された義務と責任であると考えた。その意味で、歴史家はまだなすべき仕事を果たしていなかった。

よくトインビーの著作は、「専門家だけでなく一般民衆を対象にし、これに訴えかける」、あるいは、トインビーの著作には「民衆の欲する答がある」といわれている。これらの言葉は、一面トインビーの特徴をよく伝えている。彼自身も、そういう著作を心がけ、またそうでなければ意味がないと信じた。今日の大きな社会変動のなかで、いわば既成の価値観やシステムが崩れ去ろうとする「二〇世紀の不安と不確定性」のなかで、人びとは深刻な危機感におびやかされている。いったい歴史とはなにか、より根本的に人間とはなにかとの疑問をいだき、歴史に答を見いだそうとしている。あるいは「歴史の知恵」を求めようとしている。

これらの切実な問いかけに、歴史家は果たして誠意をもって応えているだろうか。もし、書斎で理論をあみだし学説をたてることが学問的に高尚であり、他方、事実の叙述から普遍的意味をくみとり、それを広く人びとの心に語りかけようと努力することが、どことなく素人くさく通俗的であるとしたら、過去の偉大な史学者であるランケやモムゼンさらにランプレヒトの場合はどうであったろうか。彼らは学説の主張につきたのであろうか。学問的にきわめて高度で価値の高いものでありながら、しかもだれが読んでも分かり、人の心を打つもの、それがヘロドトス以来歴史に託された理想のすがたであったはずである。たとえ豊かな知識をひろげ、難解なエリート用語をあやつっても、そこに時代と民衆にたいする断絶があれば、歴史認識に不可欠な存在論的意味を自ら放棄することになるだろう。歴史は万人のものであって、決して一部の専門家の独占物ではないはずである。ここにみる歴史学の破綻《はたん》は、歴史が極度に高度化し、科学的になることによって、文学を失ったこととの代償であった。本来手段的なものの目的化が、その傷口を深めたといえる。

新しい世界史への道

モーゲンソーやテイラーは、トインビーが一般民衆の間で人気があることを、にがにがしく思っている。それは、「著者と作品が低級な証拠である」

公園を帽子姿で散歩する

とすら道破《どうは》している。彼らには、頭ごなしに専門家はつねに正しく、民衆の判断はつねに間違っている、といった象牙の塔特有の気負いと偏見がしみついている。このような、民衆の知性を無差別にあなどる独断的な想定は、やはり反省を要するであろう。トインビーにとって、学問を学ぶということは、基本的に、人類全体への貢献を目ざすものであり、一部の専門家の理解と利益にとどまるべきではなかった。その意味で、社会に研究成果を還元し、不断の交流によって社会と歴史に連帯する配慮が必要であった。知識は、「行動への指針」となり、「価値ある社会的影響」をもたらすことによって、はじめて充実した意味をもつものであろう。この社会的、文化的責任を専門家がおこたり、学問が秘教化するとき、じつは文化の凋落《ちょうらく》をまねき、また研究者自身の墓穴を掘ることになる。

トインビーは「学者は、自分の無知を申したて現在手に入れることのできる知識を最後の一かけらまでわがものにする前に、自分の専門について何かを発表し、書くことは良心が許さないと主張するとき、彼はその事実にわざと目をつぶることになり、潜在意識的に偽善の罪を犯していることになる」と指摘する。トインビーにとって、活動に入ることのない生活は失敗であると判定された。「事をなさずして世を去る」ことを忌まわしく思い、「研究成果が、研究者とともに死ぬような研究」を避けるべきだと、つねづね肝に銘じていた。ここには、静かな口調ながら、専門家の体質にくすぶる「社会性と謙虚さの欠如」という、二重の道徳的過誤についての告発があるといえる。

勿論、トインビーの文明論が歴史学を土台とする以上、歴史学の基本的作業である事実認識や理論構成に手ぬかりがあってはならない。その点で、トインビーに問題性がないわけではない。しかし従来の歴史研究が、「ますます少しのことについて、ますます多くを知る」という特殊の相だけに集中され、全体の意味関連と時代の生きた問題関心を凍結したとき、今日の歴史主義の危機がおとずれたのである。専門家は、皮肉にも「専門化することにより、専門の意味を見失った」といえる。

これらの新しい歴史と叙述は、実証的分析の連続性をふまえながらも、総合の努力を求めている。科学的歴史の追求とともに、全体像の回復を要請している。歴史主義の克服としての世界史への道は、もはや一部の学問的関心や実証の枠にとどまりえない。その不可避な道程として、新たな世界観や人生観を包摂するものとなる。ここに、現代史学の特異性として閑却《かんきゃく》することのできない一つの思潮がある。その点でこれまでのトインビー批判は、どちらかといえばその本質を射止めるというより、末梢的な地平にとどまるものであった。

本来トインビー史学は、世界史の次元と問題性において対決されるべきであろう。世界史の希求は、たんなる博識をこえた偉大な精神から生まれるものである。トインビー自身、その大きな影響力は、主題と方法もさることながら、研究の奥底にひそむ精神的な熱情に一面負うものであった。そこにほとばしる精神的な息吹きが、人びとの乾いたのどをうるおし、人びとの心に大きな感動をあたえたともいえる。現代史学に課せられたこのような課題と方向をうけとめるとき、トインビー史学は新しい意味と重みを帯びて、ふたたび私たちの前に迫ってくる。

サルトルとトインビー——知識人論

サルトルの問題提起

いわゆる「知識人」の問題は、歴史上重要な意味をにないながらも、これまでかならずしも十分な対決と解明がなされなかった。そこには、当然いくつかの理由が見られる。そもそも「知識人」の規定のしにくさや、その影響力の測りがたさといった初歩的な問題がある。さらに、「労働者階級」を現代史の主役と仕立てるマルクス史観の興隆も、障壁となったといえよう。

もっとも、社会学の領域では、「大衆社会論」ないし「エリート理論」との関連から、いくつかの文献をみないわけではない。たとえばカール＝マンハイムの『変革期における人間と社会』（一九四〇）や、T・B・ボットモアの『エリートと社会』（一九六四）などを、そこにあげることができよう。これらの社会学的領域での関心は、主として今世紀の新しい社会的勢力としての知識人に注目し、その分析と解明をなすものである。

しかし、知識人論の主題と問題の重心を、思想史や精神史の視角をもふまえ、比較文明論的に解きおこす作業はやはりきわめて稀《まれ》であった。その事情は、日本においても相通じている。こころみに、「知識人」という言葉自体をとっても、つねに安易さと曖昧さのなかに使用されてきた。そこでまず、今日的な意味で、日本の知識人論の展開に、画期的な意味をあたえたJ・P・サルトルの議論を出発点として、トインビーとの対比を試みるとしよう。

一九六六年のサルトルの来日は、知識人論に関する知的閉塞状況のなかで、有効な刺激となった。サルトルは、三回の講演を通して、まず知識人の概念を明らかにし、その位置と役割について、自己の文学的立場と行動を通して熱弁をふるった（「朝日ジャーナル」一九六六年一〇月九日および一〇月一六日号所収）。これらの講演は、現代史の思想的核心を衝くものであり、また自らの方位を喪失した日本の知識人の知的命運にかかわるものだけに、大きな反響をよんだ。一方では、一般民衆の知識人にたいする不信感があり、新たな期待がサルトルに寄せられたともいえる。

サルトル

サルトルの知識人論は、いとも緻《ち》密《みつ》な論理ではこばれる。まず「知識人とは何か」という概念規定について、サルトルは、二重の矛盾を自覚した「実践的知識の技術者」であるという。すなわち知的技術者は、現実の存在において、一方では、支配階級の特殊な目的とイデオロギーに隷属している。他方では、人間全体にとっての普遍的真理を目ざし、自由な探究を企てる。このような、支配者の価値体系に組みこまれた「個別的目的性」と、人間としての自己のなかに内在化された「普遍的目的性」との対立と矛盾を自覚することが、知識人の前提条件である。いわば、両者の間にかもしだされる心の奥底の不快感の正体を見きわめ、それに抵抗し乗りこえようとして、自己の仕事の目的そのものを問うとき、はじめて知的技術者は「知識人」となる。したがってサルトルにおいては、知識人として生まれ育ったといった所与の恵まれた環境や学歴が、直接に問題となるのではない。

たとえば、核兵器をつくりだす人間は、たんなる学者や技術者であって、知識人ではない。しかし同じ人びとが核兵器の非人間性に憂いをなし、共同して各国政府に警告を発するとき、ここに知識人が誕生する。知識人は、矛盾する現代社会の傷を、自己のなかに内在化し、ふたたび普遍化することによって社会全体の証人となる。その意味で、たんなる「言語の技術者」としてでなく、「自己に責任を負う」（アンガジェ）存在としての作家は、必然的に知識人になりうる。そうでない作家は、すべて娯楽作家か逃避作家の類となる。事実サルトルは、著作活動とともに、フランスの核実験に抗議し、アルジェリア戦争およびインドシナ戦争への反対行動をおこした。ことに、アルジェリア戦争の終結に果たしたサルトルの影響は、無視できない。

知識人の有益な孤独

以上の知識人の規定と位置を前提に、つぎに「知識人は何をなすべきか」という役割の問題が提起される。それは結論的にいって「いつわりの普遍性」と「にせの知識人」にたたかいを挑むことである。「いつわりの普遍性」は、通常「人間一般」ないし「平和一般」論を語ることによってもたらされる。たとえば、しばしば人種差別反対論者は、「人間一般」の名において人種差別を糾弾《きゅうだん》する。しかし自己内部に巣食っている人種的偏見から、かならずしも脱却できていない場合が多い。その間隙をぬって、たとえばユダヤ人虐殺は、しばしば正当化される。またたしかに、人類の平和は悲願である。しかし「平和一般」を唱えることによっては、たとえばヴェトナム戦争の特殊性と本質を見のがすことになる。そこに真正な評価と解決を期待することはできない。いわゆる「平和一般」の要求が、いきおい抽象化され、理想的・道義的平面だけで望まれるのであれば、たんに観念的平和を夢見ているにすぎないといえる。それは何も望まないのに等しい。

他方、「にせの知識人」とは、このような「いつわりの普遍性」があたかも実在するかのように、科学的・客観的論拠をさずけることである。それは現実に支配階級のイデオロギーを弁護し、その目的に奉仕することを意味する。したがって、現実問題に対処する知識人の思考は、これらの「いつわりの普遍性」の蔽いをとりのぞき、かつ「にせの知識人」の欺瞞《ぎまん》性をあばくものでなければならない。サルトルの言葉を用いれば、つねに自己につきまとう「単称的普遍性」の限界を自覚することが重要である。それは、自分自身にたいする抗議と異議申し立てにより、「普遍性」をつくってゆく実践的企てにつながる。

それでは、つきるところ「知識人のになう運命」とは、どのようなものか。知識人とは、所詮他の人間が歴史上の矛盾から解放されない限り、自己を解放することができない存在である。その解放の道は、まず知識人が不断の自己批判とともに、歴史的諸矛盾とたたかうすべての人びととの間に、連帯責任を感じることである。現実の歴史的状況では、とくに体制の権力によって詐取されているもっとも恵まれない階級や人間の視点を受け入れることである。つまり工場労働者や農民の心をよりどころとして、問題を理解し実践に参与する努力が必要である。恵まれない階級は、そのおかれた状況ゆえに、「客観的知性」と「実践的真理」をやどしている。その地点こそ、知識人の自己統合および行動の出発点をなすものである。今日、世界の三〇億の人間のなかには、二〇億の飢えに苦しむ人間が存在している。ここにこそ、ブルジョア的ヒューマニズムの手のとどかない歴史の真実がある。連帯とは、具体的に、被搾取階級の内部に知識人を養成し、人間の未来に向けて、普遍化の道をきり拓くことである。しかしたとえ、共産主義社会の実現をみても、知識人は新しい矛盾を感じ、その責務を果たさざるをえないだろう。

このように、知識人は、かれ自身の役割と矛盾によって、すべての人間のために「反省的自覚」を代行する。しかもかれは、「だれからも」委任状を受けたわけではない。ときには、支配階級の目に裏切者と映り、また労働者階級からも疑惑を投げかけられたりする。知識人は、自己のよるべき組織も階級ももたない。知識人は孤独である。事実最近のソルジェニチンのように、「追放」や「殉教」の危険性をつねに身にまとっている。それにもかかわらず、民衆的思考と民衆運動を擁護する立場に立ちつづける。この「歴史的目的」と「孤独」から脱出しようとするとき、まさに知識人であることをやめることになる。知識人の孤独は永遠に尽きないが、それは「有益な孤独」として受容されるべきである。

トインビーの実存的な動機　以上のように結ぶサルトルの知識人論は、これまでにない新しい意味づけと問題提起をつきつけることとなり、それだけに論争の糸口をつくった。サルトルの見解との関連から、つぎにトインビーの知識人論をとりあげ、その独自な特徴を考えることとしたい。

トインビーにおいても、「知識人の位置と役割」は、人類にとっての普遍的な目的と枠組みから解明される。主著『歴史の研究』の執筆動機も、没落の運命が予示された西洋文明の生の可能性をさぐり、その歴史的位置を見定めることにあった。西洋文明の前途に特別の考慮をはらうことは、「ヨーロッパの問題」としてだけでなく、まさしく人類全体の命運にかかわる普遍的な問題として重要であった。すなわち、世界が一体化した今日、核兵器の登場は人類を自滅の危機に立たしめている。そのような人類の存亡にかかわる現代史の挑戦に対し、歴史家は「何ごともないかのように」自己の専門に没頭することでいいのだろうか。その自省の念が、トインビーの心を歴史の研究に駆りたてたといえる。

むしろ歴史家こそ、人間と歴史の運命にかかわるこの課題に、主体的にとりくむべきであると考えた。ここにトインビーが歴史の研究に向かう実存的動機を知ることができる。それは同時に、文明の比較研究という文明論の学問的基礎構築と実践的要請を示している。トインビーが、たんにギリシア・ラテンの古典研究にとどまることなく、世界史の研究に開眼し、文明の目標と意義を探究しようとする真意もここにある。その事例は、中東戦争やヴェトナム戦争を論じる、いわゆる文明批評にもみることができる。

「モラリティーギャップ」の克服　さらに、「知識人と大衆」との関係についても、トインビーの大衆に対する共感と洞察には深いものがある。歴史的にみて、世界宗教としての高度宗教の成立をはじめ、人類普遍の崇高な原理や思想は、つねに非支配的少数者の側から生まれている。いわゆる、抑圧され虐げられた人びとのなかから生まれている。この「苦悩による創造」という着想は、トインビーの歴史理論に組みいれられ、信念にまで昇華されている。ところで現実の知識人と大衆との関係には、相互の疎外感と断絶がみられる。知識人は、一部のスペシャリストだけの閉鎖的社会を形成し、自己目的だけの仕事に専念している。また非専門的な集団として大衆の無知をとりあげ軽蔑する。一方大衆は、知識人の話は、いたずらに観念的で難解であり、非現実的であるとして、いわば無用の長物として無視する。トインビーは、両者のいい分に一面の真理を認め、また欠陥を分析しながらも、個人的見解として「専門家でない人びと」に同調をあたえている。なぜなら、知識人は、たしかに学問の研究上特殊な環境を要するにしても、自分自身をとり囲む現実的基盤から遊離するものであってはならない。現実問題からの超絶は、ますます不毛な孤立と偏見を深めるにすぎない。現代史学の潮流は、このような生の基盤と問題を凍結した「歴史主義」をこえることにあるといえる。

また「知識人と社会」との関係についてみれば、両者は道義上の義務関係がある、とトインビーは考える。社会は、知識人の仕事が社会に成果をもたらすことを前提に、その活動の財政的基盤を保証するものでなければならない。また知識人は、自分の研究に投資された公共的財源を還元するため、有益な社会奉仕に参加する義務がある。「高い身分には義務がともなう」といえよう。

しかし現実には、知識人と大衆あるいは社会との間には、深い断絶が見られる。この状態は、双方にとって、また社会にとっても不健康である。知識人と大衆との相互疎外の関係は、改善されねばならない。ではそこにどのような解決の道があるのだろうか。トインビーは、「人間としての共通性」の認識を解決の基本的要件としている。人間は、知識人や大衆といった特定の人間に種別化

原稿を執筆する

される前に、まず「人間」として存在する。それぞれ人間としての共通の意識と体験がある。たとえば、人間は「社会的動物」であり、たえず自分のおかれた時代と場所の問題に情熱をかける。また「生と死」といった問題は、人生上だれでも避けることのできない普遍的な問題である。その意味で、知識人と大衆といえども、人間として共通の基盤に立っているといえる。その存在の証しとなるのが、宗教である。宗教は、人生の真の目標を啓示するとともに、その訴えは、特定の身分や職業をこえたものである。人間として共通の基盤を提供する最良の場が宗教である、とトインビーは考える。

今日、人類全体にとって「モラリティーギャップ」の克服こそ、最大の問題である。それは究極的に、物質的価値と精神的価値とのバランスをはかり、人間と文化の目標と理念を問い直すものである。宗教的方位をもつこの問題において、知識人と大衆といった区々たる範疇《はんちゅう》をこえた連帯が生まれ、新しく歴史をつくる人間としての叡知がよみがえる。その意味で、まさに、人類の未来は、人間の責任において「モラリティーギャップ」に対処する現在のなかにあるといえる。

これまで述べてきた「知識人論」を、サルトルとトインビーにおいて比較するとき、いくつかの共通認識があるといえる。両者は、基本的に現状の知識人に批判的である。さらに知識人の概念に、実存的、普遍的意味をおりこみ、またその役割において、知識人の社会的、文化的責任を説き、大衆との連帯性を重視する。これらの点で、サルトルとトインビーの間に、共通の歩調をみることができる。

共通点と相違点

しかし、知識人の将来にわたる運命を展望するとき、根本的な相違をみることができる。サルトルは、哲学的認識を源泉として、知識人の合理的解明を行い、その歴史の相対的矛盾のなかでの孤独な姿を描いている。トインビーは、むしろ宗教的、超合理性の指標において、問題の根源的解決を見いだしている。それは、無神論と、有神論的ヒューマニズムとの間に生じる必然的な差異であろう。知識人の自己救済の道を、究極において宗教に求めるトインビーの立場は、サルトルと異なる独自の特徴を示すものである。

もっとも、トインビーの知識人論は、今日の社会学的な関心をこえる高次の「インテリゲンチャ論」に架橋されることにより、はじめて世界史的地平に立つ比較文明論的な意味を深めるものといえる。

古典教育と新しい人間教育――教育論

「躓きの石」

今日学校教育は、アメリカを頂点に、世界の制度史上もっとも大きな発達をとげている。日本でも、その潮流は否定できない。事実最近の調査（昭和五六年）によれば、小学校から大学までの「学校数」は四万校をこえ、また教える者と学ぶ者を合わせた「学校人口」は三〇〇〇万人を数えている。高校進学率は九四・三パーセント、大学進学率は三六・九パーセントに膨脹した。やがて、同年齢の二人に一人が大学生となる「高学歴社会」の誕生も間近とみられる。反面、そのような教育の肥大化が、教育の本質をむしばみ、深刻な危機感をさそっていることも見落とせない。「日本の教育は胃癌の症状を呈している」と、心ある人びとが警告してすでに久しい。

身近な事例では、今日「試験地獄」の名で呼ばれる受験体制も、癌症状の一つであろう。すなわち、現在の教育内容は、受験本位に組み立てられたものである。受験に照らした「選別と差別」の仕組は、生徒の主体性をくじき、創造的な思考を阻んでいるといえる。そこでは、人間としての理想と責任をもった人間が育ちにくい。一人びとりの能力、適性、個性といったものを生かすことができない。いわば人間の健康な成長に「躓《つまず》きの石」を与えるものである。今日「負いのシンボル」を負わされた若者の動揺と苦悩は、一般的な大人の理解をこえて、はるかに深いものがあるといえよう。

しかし、このような人間不在の受験体制は、今日の社会に深く根を下ろしている学歴偏重主義の所産でもある。いわゆる「学歴信仰社会」は、癌症状の病根をなしている。その事態は、これまでの高度産業社会が、多くの高学歴の専門家を必要としたことによって生じた。したがって庶民にとって「大学卒」の学歴は、「安定した生活と地位」を約束する甘い蜜としての魅力をもつものであった。学歴格差の悲哀を嘗《な》めてきた親が、わが子になるべく高い学歴を身につけさせようとした心情は、むしろ「当然すぎること」であったといえよう。しかしこの当然すぎることが、今日当然でなくなろうとしている。すでに、学歴社会をささえてきた高度経済成長の神話は崩壊したのである。教育のGNP主義も、新たな見直しに迫られているといえる。これからは、有利な学歴の所持よりも、急速な社会の変化に有効に対応し得る創造的な学習が重要となろう。そこに「生涯教育」が説かれる必然性がある。

いずれにしても、日本の教育が、胃癌の病魔と闘い、健康な体を甦《よみが》えらせるためには、まず教育の本質と目的を問い直さねばならない。さらに今日の教育の問題は、ひろく人間と文明の将来にかかわることから、世界的な視野に立つ新しい対応への具体策が講じられねばならない。この見地から、トインビーの教育論を素描し、問題の重要性と独自の展望をみることにしたい。ちなみに、トインビーは、アルビン＝ユーリッヒが編集にあたり、世界の教育問題の権威が顔をそろえている『キャンパス・一九八〇年』という本の巻頭論文を担当している。また教育を直接の主題としないまでも、トインビーの歴史観と思想には、随所に教育論の精華がちりばめられているといえる。実際彼自身に高邁な教育師像を感じとる人もすくなくない。人間の叡知と勇気を注ぐべき問題として、トインビーの教育にたいする関心は深く、その見識に仰ぐところは大きいといえる。

大地のくずれ去る思い

本論にはいる前に、まずトインビー自身の教育体験とその回想に耳を傾けることとしたい。トインビーは、一九〇二年にイギリス最古の歴史を誇る名門校ウィンチェスター＝コレッジに入学している。彼が一三歳のときである。その前の三年間は、パブリックースクールに入るための予備校ウトン＝コートの寄宿学校に在学した。トインビーが『回想録』で語る思い出も、この「寄宿校」から始まっている。

子供を寄宿制の学校にやるのは、イギリス特有の風習であり、しかも上流階級と中流階級にかぎられてのことであった。一般家庭の資力では、到底かなえられぬ夢であった。トインビー家にとっても、たとえ旧家であるとしても、ウトン＝コートへの門は「太陽が東から登るように」、いわば定められた運命として難なく開けたわけではなかった。寄宿学校で要する多額な費用は、折よく手にできた母方の遺産によって調達されたものであり、また有能なトインビーを見込んで授業料を減額するという、校長の特別な配慮によってまかなわれたものであった。

トインビーが一〇歳になりかけたある日、両親から「次の夏学期から寄宿学校へやるよ」と申し渡された。そのときのショックを、「足元から大地がくずれ去るような思い」であったと述べている。きっと、イギリスの伝統的な因習の課す厳しい試練をまざまざと感じとったのであろう。一般的にみても、教育手段としての寄宿制度については、議論の分かれるところである。その長短について、一方では、家庭というエデンの園を離れることによる自立的精神の涵養《かんよう》を期待し、他方では、集団生活の強制による創造的個性の圧殺を危惧《きぐ》することになる。とくに後者の意味で、寄宿学校へやられることは責苦に等しいものであろう。トインビーは、ウトンーコートでの学期が始まる日を、「死刑を宣告された囚人の死刑執行日」にたとえている。このような言葉で察せられるトインビーの苦痛と苦悶の日々は、つぎのウィンチェスターーコレッジの五年間余まで、八年間続くことになる。

ウトンーコートでのトインビーは、年長者の生徒に交じって成績も引けを取らぬほど勉強した。しかしあまりにも「知的に早熟である」ことの代償として、年長者の反感を買い、いじめられる憂き目にあった。気が晴れないままに成績も下り坂になったが、また気をとり直し、もっとも難関であるウィンチェスターーコレッジの奨学生試験に合格することができた。ウィンチェスターーコレッジは一三八七年の創立で中世に起源をもち、パブリック－スクールのなかでもっとも古い伝統をもつ名門校である。とくに同校の奨学生になることは、大変な名誉とされている。

トインビーは、この奨学生試験に二度挑戦し、最初は補欠の一位にとどまり入学できなかったが、二度目は首尾よく合格することができた。七〇名の俊英がならぶ合格者のなかで、三位をしめた。このような手ごわい試験を迎えて緊張のたえなかったトインビーに、両親は「ベストを尽くせばいいんだよ。それ以上のことは誰にでもできないのだから」と言って聞かせたことがあった。重大な局面における両親の「賢明にして暖かい」言葉は、トインビーをほっとさせ、決意を新たにする励ましとなった。

ウィンチェスターへの感謝　つぎのウィンチェスター－コレッジで過した寄宿生活は、まさに複雑怪奇なものであった。それはあたかも「未開社会で若者が次々とつらい成年式を受けさせる制度」を連想させるものであった。新入生に対する上級生の権威は不動のものであり、監督生の地位は、まるで「神の子に等しき者」のように映った。また気紛《まぐ》れに定められた「禁止と命令」の網は、生活のすみずみまで張りめぐされていた。たとえば、帽子や靴の着用についてのこと細かな規律があり、監督生になるまではグレーのフラノのズボンをはくことが許されなかった。言語においても「ウィンチェスター特有の語法」が遵守され、「思う」think という言葉の使用が禁止され、文中での定冠詞 the の使用には制約が設けられていた。これらの途方もない「部族的な律法の圧制」に対し、トインビーは腹立たしく思い、徹頭徹尾反抗した。未開社会の慣例にならえば、掟に反したトインビーの運命は、おそらく死刑に相当するものであろう。しかし幸いにも、その異端的な振舞いもユーモアとして大目にみてもらい、難を逃れることができた。

ウィンチェスターを去るとき、その解放感に思わず歓喜を覚えたトインビーも、後年振り返ってみて「ウィンチェスターは美しい学校だった」と偲《しの》ばせるものがあった。きっと学窓を去っての久しい時間と人格的な円熟が、母校への愛情を呼びさましたのであろう。トインビーは、ウィンチェスターで「三つの宝」を得たという。それは、教育への門戸を開いた創立者ウィカムのウィリアムや、当時の副校長でギリシア史に生彩を与えたM・J・レンダルにたいする出会いと尊敬を含むものである。またとりわけ、「ウィンチェスターで結んだ深い友情」を指している。それこそ、生涯の貴重な宝であったという。この友情は、兄弟への愛情と同じように親密であり、永続的なものであった。しかし第一次世界大戦によって、同世代の友人の約半数は戦死した。それだけに、生きのこった友人の絆は、悲運の友人に見守られてより一層緊密なものになった。友情論の白眉としてキケロが示す「真実にして完全なる友情」の姿を、そこにみることができよう。ウィンチェスター時代に、幾多の苦い体験をこえて、良き師と共に良き友を得たトインビーは、やはり幸福であったといわねばならない。

さらに、ウィンチェスター時代を回顧して、感謝の念を覚えるもう一つのことがあった。それは、古典語としてのギリシア語とラテン語に習熟し、その文学を会得したことである。ウィンチェスターでの教育は、その十分の九までが古典教育でしめられていた。この徹底した古典教育は、全体の教科の調和を乱すものであったが、トインビーにとってはその醍醐味を十分に満喫させてくれるものであった。たとえウィンチェスターの不条理な因習を拒否することはあっても、古典教育に反抗したことは一度もなかった。むしろ、古典の世界は、わずらわしい部族的生活から離脱する「逃れの町」として、無上の幸福に満ちたものであった。トインビーは、古典に魅せられ、その虜《とりこ》となって完全な習得への情熱を燃やした。当時古典教育のカリキュラムは、たんにギリシア語の著作を読んだり、翻訳することだけでなく、これらの古典語で自分の創作を自由自在にこなすことであった。この強力な古典教育の結果、ときには母国語の英語を忘れてしまうことすらあった。トインビー自身、心にほとばしる感動を詩に托すとき、自然に口ずさみ書きとめる言葉は、ギリシア語でありラテン語であったことを告白する。また事実、これまで主著『歴史の研究』の冒頭を飾る「歴史家の一生」を始め、幾篇かの古典語による完璧な自作の詩を披瀝《ひれき》している。トインビーはラテン語を七歳で、またギリシア語を一〇歳のときから学びはじめている。しかし「ギリシア語の詩人」と目されるほどの力量をそなえたのは、やはりウィンチェスターの伝統的な古典教育の成果であるといえよう。

ベイリオル－コレッジ
時代のトインビー

他面、トインビーにとって、ギリシア・ローマ世界は「精神の故郷」であると共に、「学問の故郷」でもあった。一九〇七年、一八歳でオックスフォード大学ベイリオル－コレッジに入学したトインビーは、当然のこととして古典古代史を専攻した。その後一九一一年に優秀な成績で卒業したトインビーは、翌一二年まで、ローマとアテネのイギリス考古学研究所の研究生となった。その折、現実にギリシアの舞台を踏み、歴史の検証にいそしんでいる。同年に帰国したトインビーは、母校ベイリオル－コレッジの研究員および学生指導教師となり、有望なギリシア・ローマ史の研究者としてのスタートを切った。また後年にみるトインビー史学は、自分が誕生した時と所をこえて、いわば近代西洋文明をこえて全体の文明像へ目を向けようとしたものであった。その知的離陸は、西洋文明よりギリシア・ローマ文明に深い縁をもったことによっている。このように、トインビーの学問的展開の礎石には、つねにウィンチェスターで学んだ古典の世界があったといえる。まさに古典教育は、トインビーの人生と知的生活を、あるときは過去に、またあるときには現在に、さらには未来へと導きながら、測りしれない恩恵をさずけるものであったといえる。当然「ギリシア」に対するトインビーの感謝には、尽きないものがあった。

これまで、トインビーが受けた教育とその精神的遺産について吟味してきた。いわゆる一八九九年のウトンーコートから、ウィンチェスターをへて一九一一年にオックスフォードを卒業するまでの教育は、古い伝統を背景とする古典教育の一色に染められたものであった。しかしこの二〇世紀初頭の「旧式の古典教育」のなかで、トインビーが得た試練と恩恵には、大きなものがあった。その個人的な体験は、おのずと人生における教育の神秘性と重要性を語りかけているともいえよう。

教育の目的と任務

ところで、今日の急速な社会変化のなかで、学問と教育の意味が問われ、その伝統的な概念の再検討が迫られている。この現代の視点に立って、トインビーはどのように教育問題の本質と課題を考えているだろうか。トインビーは、まず教育の目的について、「非実利的なもの」であるとし、欲得ずくめのものであってはならないという。教育の目ざすものは、あくまでも人間の精神生活にかかわるものである。すなわち、人生の意味と目的を理解し、正しい生き方を見いだすための探究でなければならない。今日では、反対に目に見える果実をもたらす教育が尊ばれている。人間は生来、富と力を欲するものであり、実利的な研究はたしかにそれを与える。しかし、人間を動物から区別するきわだった特徴の一つは、「実利とは無関係な好奇心」をもつことである。人間の幸福は、束の間に過ぎていく実際上の利益に囲まれたときよりも、真理探究の道を歩むという内面的な自覚に立つとき、より澄んだものとなり豊かなものとなろう。たとえば、天文学の成立が現実の農業や航海に有用な道を開いたように、時として人間の知的好奇心が、思いがけない利益をもたらすこともあった。しかしその場合でも、本来は一途に星の研究に才をついやしたものであり、実利を目的としたものではなかった。

トインビー自身に照らしても、彼は歴史家であるが、端的に言えば、実利とは無関係に歴史を研究しているのである。「なぜ歴史を研究するのか」。トインビーの答は、それは一つの楽しみであり、人間の知的好奇心の目標となる「究極的な精神的実在」と交わる自分なりの可能な一つの道であるから、ということになる。トインビーにとって、宗教的な意義と目標をもたない歴史研究は、無意味だと考えられた。今日では異端視されるこの見地こそ、じつは過去の多くの歴史家たちの心を奮い起たせたものであったことを知るべきであろう。このように、トインビーのいだく教育の理念は、最終的に宗教的な方法に包まれるものである。

つぎに、教育者の任務についてみよう。トインビーは、自己の専門的な知識や技能は、基本的に人類全体への奉仕に用いられねばならないと考えている。その自らが背負った奉仕の義務は、自己利益やときには家族の生計をふくむ付随的な要件にも優るべきであることを、自らの実践を通して説いている。厳しい要請であるが、教育者に限らず、一般に知的職業人の身を尽くすべき目標として、肝に銘ずべきであろう。また教育に従事する者にとって、教育と研究のバランスという、より重要な問題がある。この二つの役割を同時に果たすことは、現実に大きな困難がともなうであろう。トインビーの悩みも、そこにあった。しかし、とくに高等教育の使命は、たんに文化的遺産を伝達するだけでなく、その上に創造をくわえるものでなければならない。いわば「低い教育」を「高い教育」に架橋する任務が教師に課せられているといえる。その使命に応えるためには、まず教師自身が創造的な研究に取りくんでいなければならない。もし大学が、学生に自己教育の方位を教える場であるならば、教師の自己教育が先行すべきであろう。その教師の創造的な息吹と熱情が、学生の創意に刺激を与え、人間としての成長をうながすことになる。

しかしこの高等教育の神髄も、今日のマスプロ教育のなかでは達成しがたいものがある。現実に教育の質的低下が進行し、教師と学生との個人的接触の機会が減少しているからである。また教師の自己教育としての研究活動にも、微妙な問題が立ちはだかっているといえる。元来もっとも創造的で豊かな研究というのは、社会から孤立して得られるものではない。それは、自己の生をささえる人間生活と社会活動の基盤の上に立ち、また連帯する配慮によって成就されるものである。トインビーの優れた歴史書も、その例外ではなかった。彼は、自分の研究成果を社会に分かち、耳をかたむける公衆の心に応えるようつねに心がけた。それだけに、「歴史を知ることは、人生を知ること」であることを知らされた。

しかし、教育と研究の両立については、トインビーも時間とエネルギーの限界から断念することになり、後者の研究の道を選ぶことになった。すなわち「教師の仕事に避けられぬ反復性が、私の精神の刃を鈍らせた。自分の精神の刃を創造的な仕事のためにいつも鋭くしておきたかった。この理由で教職を捨て二度と戻らなかった」ということになる。

人間性の回復

さらに、現代における教育の課題についてみよう。トインビーは、何よりも「教育の人間化」が必要であることを力説する。とくに今日科学至上主義の風潮がはびこるなかで、人間の存在が著しく脅やかされている。日常の生活をみても、科学的な思考に準拠する人間の数式化や記号化が進行している。たとえば身元カードやコンピューター用カードの氾濫《はんらん》に、その一例をみることができよう。そこには、人間の生命の軽視と手段化の罠《わな》が伏せられている。科学の特性は、さまざまな現象について、一般化や定量化できない独自性を無視することである。しかし、画一化できない独自性こそ、人間の本質的で不可欠な営みなのである。科学の理性の光は、それを行使する人間の叡知によって、輝きを増すと考えられねばならない。

このような「人間性の喪失」の時代において、教育の果たす役割はことさら大きいといえる。まず重要なことは、教育に人間性を回復することである。そのためには、人生の全体にわたる新しい理想と哲学が必要である。これまでの物質的な次元の理想や価値観を問い直し、精神的な指標を優位する視座がすえられねばならない。さらに、教育の場で個人の多種多様な才能が実を結ぶように、周到な計画が練られるべきであろう。その具体的な実践は、個人だけでなく、社会にたいしても利益をもたらすはずである。その広義の教育によって、人間の文化的遺産がささえられ、新しく継承されていくといえる。これからの人間教育は、かつて中国や西洋の人文教育で幅を利かした一連の「古典」だけでなく、広範な文学や芸術、とりわけ宗教がふくまれることになろう。そこに「新しい人間教育」の実験がある、とトインビーはみている。

国連大学と生涯教育

さいごに、トインビーは教育の未来像として、国連大学と生涯教育の意義を述べる。一九七〇年の時点での見解である。国連大学とは、「政治、文化の両面で国際理解を推進すること」を目的とし、一九六九年、故ウ＝タント国連事務総長により提案され、一九七二年の総会で設立をみたものである。今日でも、飢餓問題や社会開発といった全人類の先端的なテーマを取りあげ、共同思索の実をあげている。トインビーは、この国連大学を「将来性のある計画」として高く評価している。その試みは、教育の国際協力を通して異質の文化を理解することである。これからの「一つの世界」では、他の文化や生活様式を「よそ者」としてでなく、人類共通の貴重な遺産として感じ、愛する精神が重要となる。国連大学の成果にたいするトインビーの期待がここにある。

また実際の運営にあたって、まず言語の問題が生じてくる。母国語のほかに何カ国語かに精通することが望ましいが、さしずめ公用語として、トインビーは、英語、フランス語、スペイン語、アラビア語、ロシア語、中国語をあげている。そのほか国連大学の設置場所についても、具体的な提案を行っている。その場所は、政治的に大国ではないが国際性の伝統に富んだ国を選ぶことが賢明である。今日その大役を日本がひきうけているが、トインビーが考えたのは、オランダ、カナダ、チュニジア、フィリピンの諸国であった。

さらにトインビーは、生涯教育についての重要性を指摘する。今日、人間の生活環境は、たえまなく複雑な変化をとげている。具体的にみれば、すでに高度経済成長の神話は崩壊し、減速経済を強いられることになった。かつて化学工業の「発展」を考えた頭脳は、いまやその焦点を「公害」に切りかえねばならない。同じように大都市の建設計画は、分散計画への変更を余儀なくされている。いわば、今日歴史上の転機に立って、これまで人類の発展に必要とされてきた前提が再吟味されているといえよう。そのような流動する情勢のなかでは、学校で習ったものが一生役に立つという保障はどこにもない。これからは、従来の不毛な学歴信仰をこえ、新しい社会に対応する不断の創造的な学習がものをいうであろう。歴史的教訓に学べば、かつて中国で長期にわたって行われた科挙制は、いわば古い型の学歴社会であった。その固定的で閉鎖的な社会は、内外の変化にたいする鋭敏な対応能力を欠き、やがて中国の停滞と孤立を生むにいたった。日本も事態の反省を怠たれば、その二の舞をふまないともかぎらない。そこに生涯教育が、新しい教育の流れとして脚光を浴びる歴史的背景がある。

トインビーも、今日の知識の増大とその解釈の変化に目をとめながら、生涯にわたる自己教育を提唱している。学校教育で得た資格や学位は、あくまでも「仮の評価」であり、その人の一生にわたるものではない。そもそも、人間がまだ一六歳や二〇歳そこそこの年齢で、それも一度だけのテストで「一流」や「二流」に等級づけられるのは、ナンセンスである。その上終生その烙印に呪縛されるというのは、どうみても不条理である。それでは、イートン校の落第生であったウィンストン＝チャーチルの生涯と偉業は説明できない、とトインビーは皮肉っている。真の教育は、むしろ学校を巣立ち、社会の経験と責任をもつ自主性の上にきずかれるものであろう。いまや生涯教育において、一般の能力と意欲をもった人びとが、知的および倫理的レヴェルの向上を目ざし、実りある生を全うすることは、現実の課題である。トインビーの現状の教育にたいする批判は厳しく、多くの人にたいして開かれた生涯教育への期待は大きいといえる。

これまでに概観してきたトインビーの見解は、教育の高次の理念と思想性を柱に、教育問題の現実的な分析と未来への展望を、総体的に解明しようとしたものである。日本の教育を反省的にとらえれば、江戸時代の寺子屋教育以来実利的な目標に主眼がおかれ、また日本の利益と発展のみを願って努力が注がれてきたといえよう。トインビーに示された深い洞察は、現在の地球的な危機のなかで、教育の根源的な意味を問い直し、世界的な意識に立った新しい「二一世紀の教育」の創造と精神的方位を考える上で、多くの貴重な示唆を投げかけているといえる。

若い世代への期待

「遺言の書」背景に　一九五〇年代から六〇年代にかけて、科学技術の驚異的な発達と経済の高度成長を背景に、「豊かな社会」が成立し、いくたのバラ色の未来論が語られてきた。しかし今日、そこに暗示された楽観的ムードに歯止めをかけるような深刻な事態が、私たちの身のまわりを埋めるようになった。たとえば、公害や環境破壊、さらに人種問題や世代の断絶といった問題がある。それらは、基本的に近代文明のたどりつく不可避なひずみを反映したものである。なかでも、「世代の断絶」の問題は、一九六〇年代の後半から、アメリカや日本をはじめ、フランス、西ドイツ、イタリアなどを中心に、世界的な傾向としてクローズ－アップされ、大きな波紋を投げかけている。その現象は、先進諸国での「豊かさのなかでの反逆」という異常性のゆえに、欧米諸国においても、多くの知識人や歴史家の注目をひくこととなった。トインビーも、大きな関心をよせ、心を痛めた一人であった。

若い世代に対するトインビーの見解は、晩年の著作『未来を生きる』（若泉敬氏との対話、一九七一）のなかに、もっともよく表明されている。この本のプランは、若泉敬氏の発案によるものであり、当時の一九六〇年代後半に世界を席巻《せっけん》した大学紛争を背景とするものであった。トインビーにとっても、学生の激しい「異議申し立て」には、たんなる「世代の断絶」をこえる、文明史上の本質的な問題がひそんでいるように察知された。この時期に、未来を背負う若い世代にたいし「人類が生きのこる」ための基本的な問題について、自己の思索を語ることは、むしろ歴史的義務であるとも考えられた。これまで自分なりに、世界史の流れを広くみつめてきた人生経験は、混沌とした未来になんらかの希望の光を投じることかもしれない。このようなトインビーの想念が、異例ともされる本書刊行の牽引力となった。

「対話」の準備をすすめるトインビーは、つぎのように語っている。「これがこの種のまとまった仕事としては最初で、最後のものとなるでしょう。自分としては、このために非常な情熱をもやして、最善の準備をしたつもりです。これからむずかしい時代を生きていかねばならない若い人たちに、何か参考になるものを残すことができれば、思い残すことはありません」。

トインビーがこの「対話」にのぞんだときは、折悪しく病後であった。一週間、延べ一七時間にわたる対話の日程は、心身ともに相当の犠牲を強いることとなる。しかし、その間トインビーは、他のいっさいの面会を断り、この若い世代への「遺言の書」に全力を傾注した。八〇をこえる高齢であるにもかかわらず、人類の未来に思いをかけ、次代をになう若い世代の将来に共感と理解をよせるトインビーの真摯な姿は、まさに驚嘆に値するものである。

なおこの「対話」は全体として八つの大きな問題の柱と、それぞれを細分した六六の質問からなっている。それを縦に貫いている主題は、「現代における断絶（ギャップ）」とすることができよう。トインビーは、現代における危機の根源的な様相として、とくに「三つの断絶」をあげている。すなわち「道徳上の断絶」、「学問の断絶」および「世代の断絶」である。そこで、ここではとくに青年に向けられた「世代の断絶」をテーマに、トインビーの独自の視点と展望をあとづけることとしたい。

トインビー（右）と長男フィリップ

「新しい挑戦」

まずトインビーは、今日の「世代の断絶」を生みだした特異な歴史的、社会的条件を分析する。人間は、これまでいつの時代でも、人生の不条理に悩み、理想と現実の不一致に挫折感を味わってきた。とりわけ、少年期から青年期に達する成熟過程には、旧世代にたいする対決があり、その内的な葛藤《かっとう》を通じて自己の存在を確認してきたともいえる。その意味で、「世代の断絶」は、とりたてて今日に始まるといった鳴物入りの新しい問題ではない。

トインビーの若い頃の経験に照らしても、数多くの苦悩と矛盾に出会ってきた。たとえば、「一つの国家」における、金持と貧乏人という「二つの国民」の存在と、その社会的差別の罪悪を黙過することはできなかった。トインビーは、つぎのように回想する。「私は子供の頃、登校途中に、自分はボロを着ていないのに、同じ年ごろの子供たちがボロを着て通学しているのをみて、気が動転したのをいまもよく覚えています」。また、青年期に巻きこまれた第一次世界大戦も、大きなショックであった。通常の社会や隣人関係では、明白な「反社会的行為」であるはずの殺人や大量破壊が、ここでは合法性を名のるだけでなく義務化されている。トインビー自身、第一次世界大戦で若い同世代の多くの友人を失った。戦争という制度の存在と存続は、人間の原罪にもにており、根絶することはできないのだろうか。さらに、トインビーの鋭い視線は、自己の内面にも注がれる。それは、「私自身のなかにある悪」としての、利己主義や憎悪といった感情への凝視であった。

このような青年時代にほとばしるヒューマニスティックな感情や正義感は、たとえトインビーとの度合いは異にしても、だれでも共有していることであろう。理想と現実の不一致は、人間にとって不可避な試練であるといえるのかもしれない。しかし、今日の歴史的環境は、過去の世代に比べて、あるいはトインビーが過ごした時代のイギリスに比べても、急速に変化し、事態ははるかに深刻になってきている。その「新しい挑戦」を受けた現代の若い世代の苦悩は、より多様で深いものがある。ここに、今日論議される「世代の断絶」のつきつめた雰囲気と、特異性があるといえる。

一般に、「急激な社会変動」の波に身をさらすという、時代の動的条件は、断絶の諸相をより鋭いかたちできわだたせる。また問題に高い緊張感をあたえるといえる。すでにマンハイムによって示唆されているように、平和で変化のすくない、いわば社会の静的条件のもとでは、若い世代の間に敬虔の価値感情が生まれ、社会への順応過程がみられる。しかし、すべてがダイナミックに変化する時代では、逆に若い世代の反逆が噴出し、深刻な対立を露呈するようになる。ここでは、「長い経験」、「多くの知識」といったものが、かならずしもモノをいわない。そんなことから、旧世代の独善感がくずれおち、もどかしさやいらだちの危機感がのこり、対立の溝を深めることになる。一九七〇年代から二一世紀にかけて、「脱工業社会」、「高度産業社会」、「情報化社会」と、さまざまに命名される今日の社会は、まさに文明史上の大きな転換期に遭遇しているともいえよう。

物質的進歩と精神的進歩

トインビーは、現代の大きな特徴を、「道徳上の断絶」（モラリティーギャップ）というユニークな観点からとらえている。モラリティーギャップとは、人間生活の物質的側面と精神的側面との間の不調和を指している。このギャップは、現代の危機の本質をなすものであり、その増大は、人類を破滅にさそう最大の要因である。歴史的に追跡すれば、物質的・技術的進歩は、旧石器時代の「技術革命」から新石器時代の「農耕革命」をへて、初代文明が成立をみるまで、それぞれ三段階の大きな進歩をとげてきた。さらに一八世紀の産業革命は、画期的な「生産革命」をもたらし、「機械文明」の名をほしいままに謳歌することになった。その後も科学技術は一瞬の停止もなく日進月歩の歩みをつづけ、運輸革命や電力革命をへて、今日の「原子力革命」の時代に到達した。いまや、とめどを知らない近代科学技術の加速度的な進展は、人間の未来に暗い陰を投げかけている。

それにひきかえ、精神的・道徳的進歩は、遅々たる足どりを示している。そのなかで例外的に注目されるのが、トインビーが示す紀元前八世紀から紀元後七世紀にいたる時期である。いわゆる高度宗教の始祖たちを輩出した時代である。ヤスパースは、「枢軸時代」と命名し、人間の精神的基礎を確立した時代として、歴史上もっとも重視した。とくに仏陀やキリストは、人生の目的は精神的なものであり、究極的な精神的実在との交わりと調和にあることを説いた。そして自らも、自己犠牲と物質的禁欲の道を実践した。しかしそれ以来、人間の精神的向上や道徳的進歩は、一進一退をつづけ、ときには大きく後退すらしている。「自己中心性」という迷妄の所産である戦争や階級制度は現に厳然と存在し、人種問題も激化の道をたどっている。勿論、人間は生来自己中心的な要素をもっている。しかし、自らの欲望を抑制するという「自制の精神」が、他の生物と区別される人間の高貴さを形づくるものであろう。逆説的にいえば、その自制の精神の拒否が、今日人類の存続を脅やかす核問題や南北問題さらに公害問題を助長したともいえる。

しかも、人間は、この地球という惑星の「生物圏」をこえることはできない。アポロ一一号以来、米ソが競った月着陸によっても、生物の棲息環境は地球だけであることが知らされた。地球の空間と資源は、いうまでもなく有限である。その意味で、自己中心性を克服し、「物質的な富」から「精神的な富」へ目標の転換を図ることが重要である。

学生運動とヒッピー

では、このような「新しい挑戦」をうけた若者たちの「反体制運動」について、トインビーの見解はどうであろうか。まず、今日の伝統的権威にたいする若い世代の反逆は、学生運動とヒッピーの姿によく象徴されている。学生運動は、一九六四年、カルフォルニア大学バークレー分校の大学紛争から始まり、一九六八年のパリ革命によって全世界的なひろがりをみせた。一方ヒッピーは、一九六〇年代のヴェトナム戦争にあいそをつかし、「戦争をやめて恋をしよう」とのキャッチーフレーズをかかげて登場し、いずれも世界的な注目を浴びた。相反するかのような両者の間にも、ある共通の精神的方位をみることができる。すなわち、彼らは今日の強大な「統合国家」の重圧によって、「アイデンティティ」(存在証明)を確立すべき貴重な青年期を不当に歪められた、と感じている。彼らの思想の根源には、現代社会の組織化と機械化に対する、「人間としての反逆」があり、「人間の復権」への希求がある。人間らしさとは一体何であり、人間らしく生きるためにはどうすればよいか、との問題提起をすくなくともふくむものであった。

トインビーは、このような学生運動とヒッピーの象徴的な意味に留意しながら、つぎにそれぞれの特徴と問題点の分析にうつる。学生運動のにない手たちは、社会救済の可能性を信じ、そのための直接行動を是認する。もはや、人間が「地球上の全生命」を破壊する魔力を手にした以上、また前世代の大人たちが「実行すべき改革」に背を向けている以上、自らの果敢な行動が必要である、との使命感に燃えている。

だれしも、「直接行動」そのものの必要性については、異存はないであろう。しかしその行動は、しばしば戦闘的で暴力的な形をとりがちである。逆説的にいえば、静穏で合法的なデモに終始しては、自己の望むような大きな社会的な関心をあつめることはできない、との焦燥感がある。極端にいえば、最悪の不幸が最大の喚起をもたらすことも、歴史の一面の真理であった。しかしながら、学生たちの抗議と改革への行動が、たとえ不可避的とはいえ暴力をともなうとすれば、国家権力の「激しい抑圧」を誘発することは必定である。トインビーは、このような学生たちの直接行動の矛盾を解明しながら、「同情を禁じ得ない」と自らの苦悶を伝えている。

一方、ヒッピーの方はどうであろうか。学生運動と比べるとき、ちょうど正反対の特徴がみられる。すなわち学生運動は、「知的、暴力、社会救済への希望」といったおもだった傾向がみられるのにたいし、ヒッピーは、「感情的、非暴力、社会救済への絶望」を内に秘めている。反抗する学生と異なり、社会から脱落への道をたどり、生活態度も消極的であるといえる。しかし、ヒッピーの一種異様ないでたちのなかに、彼らなりの内面的特徴をみることもできる。それは、現代社会に跳梁《ちょうりょう》する「非人間化」への不安と懐疑である。

ヒッピーのおもむく「旅」は、その意味で印象的である。いわばヒッピーの旅は、文明の虚飾に色どられたニューヨークやパリやロンドンといった大都会と訣別し、むしろそこから無縁で未知の場所を探しもとめるものである。彼らの行き先が、往々にネパールのカトマンズ、地中海のスペイン領バレアレス諸島、アフリカのモロッコであることは興味をそそる。彼らは、これまでの文明社会につきまとってきた罪業から身をきよめ、貧困の共同体を通して、「人間の真の自由と友愛」の感触を獲得しようと試みる。人間が生きることの内面的な充実した意味が、そこに問われているといえよう。ヒッピーの旅は、「失われた楽園」を求めて彷徨《ほうこう》する精神的な旅であり、反文明の旅である、とも解される。

断絶をこえる道

トインビーは、アシジの聖フランシスコも、ヒッピーであったという。というのは、聖フランシスコの父親は金持の事業家であり、つねづね巨大な財産が自慢の種であった。息子の生活環境も何一つ不自由のない贅沢《ぜいたく》なものであった。聖フランシスコは、一時そのような生活に埋もれていたが、なんら精神的な満足を得ることはできなかった。むしろその空虚さに激しい反撥を感じた。そのようなある日のエピソードは、いともヒッピーらしい流儀とその精神的な原点を思いおこさせる。「父親がやってきて小言をいったとき、聖フランシスコは裸になり、その服を父親の面前に投げつけました。アシジの司教は、この裸の少年を自分の僧服の下に抱き入れて保護しました」。

この聖フランシスコの「ヒッピー物語」は、そのエピローグが重要である。トインビーは「聖フランシスコは、ヒッピーとして出発したが、ヒッピーとして終わらなかった」ことを強調する。彼は、父親の物質主義にたいしての抗議から出発したが、やがて完全に新しい精神生活をきずくことに成功した。当初の個人的で消極的な動機は、普遍化され積極的な意味をになうことになった。すなわち聖フランシスコは、釈迦やキリストとともに、人類の正しい精神的な理想の範を自ら示し、また彼の創始した「フランシスコ会」は、西欧の修道院に新しい生命を吹きこみ、西欧社会の発展に創造的な貢献を果たすものであった。このようなトインビーの観点からみるとき、現状の学生運動とヒッピーについて、その致命的な限界をみないわけにはいかない。

しかし、概して今日のように、文明や社会の過渡的な経験と混乱のなかでは、新しい動向の逸脱や退廃の部分に目をとめがちである。いたずらに断罪意識や論難におちいることなく、事態を前向きに解決するためには、「世代の断絶」をどう埋めるかという問題が、最終的に検討されねばならない。トインビーは、まず責任の所在について、「怒れる若者」を叱責する前に、大人の世代の責

トインビーの「世代の断絶」をテーマにした講演と討論会

任を追及する。混迷の時代には、ことさら真実から目を覆い、事態の改善のための努力をせず、したとしても不徹底で無能でしかなかった体制と権力の側にある「中年の世代」がまず自らを責めるべきである。シェークスピアの「こんな世に生まれあわせて、それを直す務めを負わされるとは！」とのハムレットの叫びは、きっと今日の若者の心にふれるものがあろう。

しかし、大人の責任も無限に問われるべきではない。なぜならその責めは、彼らが事態の改善能力と権力の行使能力をもっている場合に限られるべきである。またより根本的には、大人といえども、過去の遺産を負うものであり、人間の自由の制約は、仏教のカルマ（業《ごう》）の応報であるともいえる。若者たちといえども、いずれ権力の座に立つときがあり、同じカルマの被害者になることもありえよう。

さいごにトインビーは、「世代の断絶」の和解を試みるには、大人の世代が、「理解と愛情と忍耐」をもって当たらねばならないという。相手の苦悩と価値観をできるだけ理解するようにつとめ、共存の可能性を自ら率先してあみだしていかねばならない。トインビーとしても、和解の成就に、定かな確信をもつものではない。自らの愛の不完全さも自覚している。しかし、相手の苦悩への思いやりを基調とする「相互の愛」こそ、真実の和解への唯一可能な道であることを力説する。人類史の転換点に立って、トインビーの若い世代への信頼と期待は大きいものがある。その「世代論」は、これまでにない新たな視点と刺激をあたえるものとして注目される。

II トインビーの歴史観

西洋中心史観の克服

ヨーロッパの動揺

今日、歴史の大きな曲り角に立って、新しい世界史像が模索されている。トインビー史学は、その先駆的位置をしめるものであり、なかでも、もっとも注目される企ての一つであるといえる。

すでに知られるように、今世紀の二度にわたる大戦は、一九世紀的な文明の比重と価値体系に根本的な変化をもたらした。とりわけ、それまで世界の主導的な地位をしめていたヨーロッパの思想界や学界の動揺は、深刻であったといえる。西洋文明の退潮と戦争による文化の破壊をまのあたりに目撃したショックは、心ある歴史家の一人びとりに、内面的な省察を深める契機をつくった。彼らは、その生活体験と試練を介しての深い内省から、これまで身をゆだねてきた歴史的思惟の限界を読みとり、新たな思索と探究の途についた。すなわち、現代の境位に立って、具体的にどういう新しい課題をもち、どういう方法でそれに迫りうるかという問題に真摯な考察をすすめた。トインビーの歴史観は、そのような新しい歴史意識と潮流をうけとめるものである。

そこでまず、トインビー史学は、どういう契機と歴史意識のもとに成立をみたのであろうか。その含意は、私たちが折にふれ歴史をふりかえるとき、偉大な歴史家といわれる人びとを探究に駆りたてる動機には、学問的な十分条件だけでなく、精神的ないし人格的な要素がくわえられるのをみるからである。その主体的な息吹きが、研究に生彩と独創性をあたえるといえる。トインビーの場合も、その例外ではなかった。といっても、彼自身はじめからそうであったのではない。むしろ初期においては、一九世紀のヴィクトリア朝時代のイギリスにたちこめた民族的な思考の影響を受けていた。また当時の学界の風土を反映して、「ギリシア・ラテンの研究」という、いとも堅実で正統的な専門分野に足をとどめるものであった。

肥沃な土壌

トインビーは、一九一一年オックスフォード大学のベイリオルーコレッジを卒業したときを回想してつぎのように述べる。「ギリシア・ローマ文明の言語、文学、歴史ならびに気質の方が、私にとって、私自身が生まれた西洋文明が提供する文化的財産よりなじみ深いもの、性にあったものになっていた」。その古典学上の能力は、たとえば何か大きな感動を胸中にいだき、そのほとばしる感情を詩に託すとき、母国語の英語よりもギリシア語かラテン語で表現する方がしっくりと腰がすわるというほどであった。だがそこには、前途きわめて有望な古典学者としてのトインビーの姿がみられても、まだ今日の彼を想像させるものはない。

では、この間に培かわれた古典学的知識と教養が、その後の研究にとって、すべて無用の長物であったかというと、かならずしもそうではない。むしろ、彼自身の研究にインスピレーションをあたえる肥沃な土壌をきずいている。すなわち、ギリシア・ラテンの研究を手がけることは、自分の生まれた「時と所」から遠く隔てられた世界の探究であり、自己中心性を克服する道を用意するものであった。そのため、すくなくとも、西洋文明だけが世界のなかでもっともすぐれ、その中心であるといった傲慢な自負心や偏見に毒されることがなかった。

またギリシア・ローマ文明は、文明の誕生から死までの全コースを鳥瞰《ちょうかん》できる完結性をそなえている。したがって「文明のモデル」として一役買うものであった。ギリシア・ラテンの研究にやどされたこれらの有益な胚種は、やがてトインビーの歴史理論と方法の上に豊かな結実を得ることになる。事実、のちに彼が文明の比較研究におもむき、その診断をはかるとき、ギリシア・ローマ文明は、つねに判定の主審を務めるものであった。すなわち、ギリシア・ローマ文明の解体期を告げる「世界国家」「世界教会」「蛮族の侵入」等の現象は、他の文明の死を認定する尺度となって援用《えんよう》された。

「ツキュディデス体験」

ところで、一九一四年の第一次世界大戦の勃発は、トインビーの歴史研究にとって、新たな自覚をよびさまし、今日の命題にふれる画期的な事件となった。第一次世界大戦は、申すまでもなく、有史以来はじめての世界戦争であり、また科学兵器の登場によって、九〇〇万人という多くの人命を奪うものであった。歴史上はじめて遭遇するこの陰惨な光景は、科学技術の進歩と裏はらにつきそう悪の面影を想起させ、歴史そのものにたいする幻滅と絶望の感情をつのらせた。一八一五年のワーテルローの戦いを最後として、比較的平穏な日々を保っていたイギリスにおいても、第一次大戦は、青天の霹靂《へきれき》のごとく突如としておとずれた。なかでもトインビーと同世代の約半数にあたる人びとが、戦火の犠牲となった。一九一四年八月、それはトインビーにとって「この言葉までもが鐘のごとく鳴り響く」ほど、強烈な印象を脳裡にやきつけた。

その精神的な虚脱感と、生きのこったものとしての責任の自覚は、やがて学問上の反省に深化され、新たな歴史意識をよみがえらせた。当時の衝撃を回想してトインビーは語る。「一九一四年の大戦は、はからずもわたくしがベイリオル－コレッジの学生相手の『古典科』のために、ツキュディデスを注釈している真最中に、わたくしに追いすがった。そのとき突然わたくしの蒙が啓かれた。現在この世界においてわたくしが現に経験しつつあるところのものは、すでにとうの昔にツキュディデスが彼の世界において経験ずみのものであった。いまやわたくしは新しい眼をもって、彼ツキュディデスを再読しつつあった」。いわゆる有名な「ツキュディデス体験」の記述である。

第一次世界大戦は、かつて高度なギリシア・ローマ文明を内部からきりくずす原因となり、ツキュディデスがもっとも大きな戦争として冷厳な眼で書きとめた「ペロポネソス戦争」の危機と、同じ歴史的境位にトインビーをさそった。それまでは、遠く二三〇〇年以上も前の別世界を描くものとして、ほとんど意に介さなかったツキュディデスの言葉や文章の暗号が、いまはっきりと解読できた。そのときまさしく「彼の現在がわたくしの未来である」と映った。ツキュディデスの世界を「古代」とし、トインビーの世界を「近代」として記載する年代学が何といおうとも、紀元前四三一年と一九一四年という二つの年代は、哲学的に同時代であるとみなさざるをえなかった。

このギリシア・ローマ文明と西洋文明の並行性に目をとめる「哲学的同時代性」の発見は、同時に内的必然性をもって、文明の比較研究という壮大なプランを彼に抱懐させることになる。S・ヒューズが自己の体験に照らして述懐するつぎのような事実が、そこにみられる。「もしわれわれが歴史家たるべく選ばれた人びとの伝記をたどるならば、彼をとりまく世界についての意識に、激しい変化を惹きおこした若いころの体験に必ずといってよいほど遭遇するであろう。それは彼に『なぜ』という問いをさせた環境の変化による衝撃なのである」。その意味で第一次世界大戦は、トインビーの生涯に決定的な転機をつくった。彼の生涯は、自らも述べるように、まさに「一九一四年以前」と「一九一四年以後」の時期に区分されるといえよう。

『歴史の研究』の構想

先　駆　者　ツキュディデス体験によって育まれた新しい歴史研究の構想は、トインビーが**シュペングラー**　一九二〇年ナミアー教授の紹介によってシュペングラーの『西洋の没落』（一九一八）を手中におさめたとき、より明確な基盤をあたえられることとなった。この書（第一巻）は、一九一八年の九月、第一次世界大戦でのドイツ壊滅寸前の時期に刊行され、「没落の形而上学」として大きな反響をよんだものである。トインビーは、あたかも「螢の光のような妖光」を放つこの書に、自己の化身をみるような興奮をおぼえながら、シュペングラーの命題と理論をわが身に吸収する。すなわち「文明」単位の歴史考察と、「文明の並行性」および「同時代性」に関する二点である。

シュペングラーは、エジプト、バビロニア、インド、中国、古代ギリシア・ローマ、アラビア、メキシコ、西洋の八つの「高度文化」を数える。それぞれの文化は、たとえば古代ギリシア・ローマ文化が「アポロ的」であり、西洋文明が「ファウスト的」であると象徴されるように、独特の相貌と存在理由をもつものと考えられた。また各文化は異質でありながらも、「幼年、青年、壮年、老年」

あるいは「春、夏、秋、冬」といった、人間の成長段階や四季の変遷にもにた同一の段階をたどるものとした。彼自身、最終段階に足をふみいれたとされる西洋文明の分析と警告は、古典文化とくにヘレニズムとの比較に導かれたものであった。

しかし、シュペングラーの考え方は、一面あまりにも独断的であり、決定論にかたむいていた。直観過剰と論証不足のうらみは消せなかった。そこでトインビーは師の理論的空白をうずめるかのように、ドイツ流の先験的な方法にかわって、イギリス流の経験的方法を援用してその補強につとめた。またトインビーは、独自に文明の世代の設定や出会いの意味と理論をあみだして、文明の変動論におけるシュペングラーの超出をはかった。シュペングラーには、このようないくたの欠陥があったにせよ、ここではトインビーの先達としての大きな意義を指摘せねばならない。

充実したチャタム－ハウスの日々　これまでかいまみてきた一九一四年のツキュディデス体験と、一九二〇年のシュペングラーとの出会いは、トインビーの歴史研究に新たな霊感と、その理論的基礎をあたえるものであった。この二つの体験によってかためられた構想の具体的な展開は、ロンドンの王立国際問題研究所（チャタム－ハウス）刊行の『国際問題大観』、および主著『歴史の研究』の執筆活動を通してみることができる。『国際問題大観』は、もともと現代の国際問題を科学的に研究調査し、その報告をすくなくとも年に一回出そうと計画したものであった。トイン

チャタム－ハウスの委員会（右端がトインビー）

ビーがロンドン大学の教授を辞し、一九二五年に王立国際問題研究所の研究部長に迎えられたとき、第一巻が公刊されることになる。もっともトインビーの現代史への関心は、第一次世界大戦前に「ヨーロッパの火薬庫」として紛糾がつづいた「バルカン問題」に触発されたものであり、遠くは一九〇八年のトルコ革命までさかのぼるといえる。

また一九一九年のギリシア・トルコ戦争の勃発に際し、翌年ギリシアにおもむいたときも、現代のギリシア問題研究が目的であり、現下の国際問題に関心を移していた。なおその折、現地ギリシア人のトルコ人にたいする残虐行為を、批判的な視点からとらえた「マンチェスター－ガーディアン」紙への寄稿は、トインビーを窮地に追いつめる羽目になった。というのは、当時トインビーはロンドン大学で、コライス記念ビザンティンおよび近代ギリシア研究講座教授の任にあったが、この講座はギリシア政府の基金によって創設されたものであった。それだけにギリシア人はもとより、「ギリシア愛護主義」の風潮になびく親ギリシア派イギリス人の反目を買うことになり、彼は自らロンドン大学を去ることとなった。

職を賭して自己の学問的良心をまもり、終始公平な態度を貫いたトインビーのこの「古い話」は、ある教訓を秘めている。それは彼の人となりを示すだけでなく、文明の比較研究にのりだす研究者の基本的なモラルと姿勢を示すものとして、銘記されるべきであろう。人類史上につきまとう数かずの偏見について、たとえば文明、民族、階級、宗教上にみられる偏見の克服に努力をはらうことは、全人類の問題をとりあつかう研究にとって、不可欠な要件だからである。

ところで『国際問題大観』に論をもどすと、それは世界を股にかけるものであるだけに、個人の能力をこえる難事業であったといえる。しかしトインビーは、各地域の執筆を専門家にゆだねることなく、できるだけ自分の手で統一的に把握するようにつとめた。というよりは、世界が一体化しつつある現在においては、そうしなければ意味がないと考えた。トインビーは、この広範多岐にわたる調査研究を通して、せいぜい「古代史」と「バルカン問題」の専門家としての限られた視界を、全世界に拡大する足場をきずいた。もはやヨーロッパや中近東だけでなく、未知のラテン－アメリカやアジアの動向にも、目を光らさなければならなかった。それにしてもチャタム－ハウスでの仕事は、トインビーにとって日々刺激と創造に富み、わが意を得て充実していた。それはかつて在職した教育者の仕事のように、反復的で静止的でないだけに、自己の研究を深化し広めるのに好運な機会となった。

事実、一九二〇年から二三年の『国際問題大観』の序説として書かれた「平和会議後の世界」をはじめ、トインビーの手になったいくたの論文は、世界的視野に裏打ちされた透徹した理論と分析、さらに深い洞察が彫りこまれており、識者の目をみはらせるものであった。同時に、純粋な正義感と倫理感のにじみでた格調高い論文は、深い感銘をささそわずにはおかなかった。いたずらにナショナリズムの血気にはやらず、「西洋化」または「近代化」という世界的な枠組のなかから問題の本質を究明する。その方法や原理の有効性は、今日ますます高まっているといえよう。トインビーは、この『国際問題大観』を著すことによって、すぐれた現代史の研究家として、また国際政治の権威として名をとどめることになる。

大著『歴史の研究』

他面、トインビーは『国際問題大観』の執筆に従事しながら、『歴史の研究』を構想し、六〇〇〇頁におよぶ大著を順次刊行するという離れ業をやってのけることになる。すなわち毎年一〇月以降から翌年の夏までは、ロンドンのチャタム－ハウスで『国際問題大観』にとりくみ、夏期休暇になると郊外に出て一一月まで『歴史の研究』に専念することになる。トインビーにとって「仕事」とはまさに書くことであり、書く準備をすることであった。その仕事に時間的な途切れをつくらないように、なによりも配慮した。

『歴史の研究』のプランを思いたったのは、先に述べた「ツキュディデス体験」に負うものであったが、その全般的な計画は、一九二一年に立てられた。その折彼は、先のギリシア・トルコ戦争の取材を終え、イスタンブールからロンドンへ向かう車中にあった。窓外の景色をながめながら、その日のうちに一枚の紙片に一二の題目を書きとめた。それが『歴史の研究』の主要な表題となって、今日にとり入れられている。その後、すでに考案されたプランにもとづいて全巻の詳細なメモが準備され、一九二九年の中国および日本へのアジア旅行を終えた一九三〇年になって、ようやく執筆にかかった。

一九三四年に最初の三巻が刊行され、一九三九年に六巻まで、最後の四巻は一九五四年であった。その後一九五八年に一一巻（「地図と地名索引」）、一九六一年には数多くのトインビー批判に答え、再考をほどこした一二巻（「再考察」）の二冊が追加された。『歴史の研究』の完成にはじつに四〇年の歳月がついやされた。さらに、これまでの一二巻の改訂縮冊版として、一九七二年には最新のトインビーの考えを伝える『図説・歴史の研究』が刊行された。

三つの執筆目的

つぎに、このような刊行の経緯をたどる『歴史の研究』は、いったいどのような意図のもとに書かれたものであろうか。本を著すということは、なにか著者の心を駆りたてる激しい情熱ないし強い目的といったものを、内に秘めるものである。『歴史の研究』はまず第一に、歴史にたいする包括的な研究を目ざしたものであった。いわば世界史への希求と全体化への希求が、研究の基底にひそんでいるといえる。それは三つの側面から語られる。

すでにツキュディデス体験によって自覚されたように、歴史の研究は、一国家や一文明というような部分的な研究だけにかたむくのではなく、全体的な研究とのバランスが必要である。自分の住む所だけを世界とするような視野の偏向をのりこえ、局地的な視野からいかに世界的視野にのぼりうるかに、じつは歴史家としての成功の鍵がある。全体的な見方はすくなくとも部分的な見方よりも実在を正しく反映する、という科学史における真理は、歴史の分野においても正統化されよう。その点、現代歴史学の趨勢は、部分的な特殊研究の秤皿《はかりざら》だけをみたすものであった。木々の一本一本の細部の観察だけに目をこらし、森そのものをみようとしない。その意味で、現代の歴史家は「まだなすべきことをなしていない」とトインビーは考えた。

つぎに、現代では考古学の発達により、過去のおぼろげな、あるいは忘れ去られた文明についての多くの発見と研究が追加されている。たとえば、ミノア文明、インダス文明、ヒッタイト文明、シュメール文明、マヤ・アンデス文明等に関する考古学的発掘は、これまでにない新たな歴史的地平を開き、歴史家の好奇心を大いにそそることになった。好奇心は、つねづね歴史の研究に創造の火をともし、全体的な見方に近づける案内役を果たす。五〇〇〇年にわたる人類と世界の文明に関する知識は、ひところより大きく拡大されている。今日では歴史全体についての総合的な把握が可能になったといえる。

さらに、包括的な歴史研究は、現実の情勢からも無視しがたいものがある。現代世界は、「距離の克服」によって世界を一体化した。しかし同時に、核戦争による人類の自滅の道も用意した。いまや人類は、かつて旧石器時代になしとげた人間以外の生物にたいする支配権を確立して以来、はじめてその存続がおびやかされることになった。人類史に課せられた「一つの世界か、無か」という状況認識と、二者択一の選択の問題は、今日きわめて緊急性と重要性をもつものである。この人類存続にかかわる現代文明への挑戦にたいし、歴史家は「なにごともないかのように」自己の専門に没頭することでいいのだろうか。

そうではなく、歴史家こそ伝統的な偏見をこえ、さまざまな文明の歴史の意味をあとづけ、正しく評価することによって、全人類共通の地盤をきずく努力が必要である。人類のいわれのない憎悪をやわらげ、絶望を希望へと転調させる試みによって、相互の共存の可能性を開くことこそ、現代における歴史家の使命であるといえる。たとえ厳密な歴史研究が、アカデミズムという形で行われようと、それをささえる現実の社会的基盤やそこに立つ問題性が無視されてはならない。つねづね学問が一部の特権階級の専有となり、時代への関心を凍結して秘教化するとき、学問の退廃をみるといえよう。問題の歴史的意味や性格を世界史的関連のなかでつきとめ、明らかにすることは、今日きわめて重要である。トインビーがいう「過去にたいする新しい見方―特定の国籍や文明や宗教の見地からでなく、統一された人類からみた見方―が待望される時代」は、現におとずれている。ここに、「文明の比較研究」という比較文明論の学問的基礎構築と、歴史的要請の背景を知ることができる。

トインビーの試みた『国際問題大観』（一七巻、一九二五～五六）と『歴史の研究』（一〇巻、一九二七～五四）という二つの大きな仕事を同時に引き受けるということは、一見偶然の成功しか望めないものであった。しかしこの組み合せと同時進行が、はからずもそれぞれを有効に刺激し、利点を分けあうものとなって、研究の成果を豊饒《ほうじょう》なものとした。トインビー自身も「この二つを同時にやっていたのでなければ、『国際問題大観』も『歴史の研究』もつくられなかっただろう」と述懐する。すなわち、現代の国際問題を解明する『国際問題大観』の背景には、世界史の研究としての『歴史の研究』の素養が不可欠である。また逆に世界史の研究は、現代史への視座をもつことによって、はじめてみずみずしい生命を得ることができるといえよう。

その探求の一例を、「西洋文明の前途」の問題からあとづけるとしよう。

主著『歴史の研究』

焦点を「西洋文明の前途」に

トインビーが『歴史の研究』を著し、諸文明の比較研究に身をのりだしたのも、じつは現存の西洋文明の前途に思いをめぐらしてのことであった。また『歴史の研究』のなかでも、一般読者をもっとも惹きつけたのは、ほかならぬこの問題であった。しかしこの問題の前には、歴史学の通念からみて大きな難題がたちふさがっている。というのは、身近にみても、過去の、たとえ昨日のことを構成することすら困難がつきまとう。まして同時代の文明の、しかもその将来を展望することは、歴史家として分のわるい危険な道にのりだすことであった。一般に現代史の叙述は、「史料の収集、展望の視点、冷静な態度、客観性」といった諸点で致命的な欠陥があり、そのため真の歴史として十分な資格をもちえないとみなされている。

このテーマの執筆は、一九五〇年である。それは『歴史の研究』の構想がなされた一九二九年の時点より、問題がいくぶんなりとも明確化され、知識の空白を埋めるものであったとはいえよう。しかしまだ、歴史的な取りあつかいをうけるにいたる「一世紀」を経たわけではない。原稿用紙のインクが乾かないうちに予想をくつがえした事実が判明し、「多分これは書く時期が早すぎた」として、歴史家の失笑を買うことになるかもしれない。現代史の叙述には、つねにこのような動揺と不安がつきまとう。大方の歴史家のように、過ぎ去った出来事の模写と再現にはげみ、現代史には目をつぶってそのままにしておくのが得策かもしれない。にもかかわらず、トインビーは「西洋文明の前途」という実際的で困難な問題を、今世紀の歴史研究の重要な一部と考え、あえて『歴史の研究』の体系にくわえている。

シュペングラーの『西洋の没落』によってその運命の末路が予示された西洋文明の生の可能性を探り、その歴史的位置をなんとかして確かめたいとの意図から、トインビーは歴史の研究に情熱を注いだともいえる。その辺の事情についてつぎのように語る。「二一世紀西洋の歴史家の視界にみとどけられる二六の文明のうち一六が、そこを通過して姿を消していったこの『死の門』とは何か。……どうしても取りあげなければならなかったこの問いに答えようとして、私は諸文明の挫折と解体の研究に入っていった。そして文明の挫折と解体の研究を通して、さらに補足的な文明の発生と成長の研究に入っていった」。『歴史の研究』の成立が、このように文明の没落過程の分析と研究という危機意識を基盤にしていることは、トインビーの問題関心の所在を示すものとして興味深い。

ただここで、多くの文明の一つにすぎない西洋文明が、ことさら特別なもてなしをうけ、大きなテーマとして設定されているのはどういうわけであろうか。考えようによっては、あらゆる文明が避けることのできない運命としてたどる「挫折と解体」のパターンを、自己の属する西洋文明だけは適用からのがれたいとする、甘い感傷のにおいも打ち消せない。それはトインビーの意思に反し、西洋人の自己中心的な迷妄の所産であるかのようにもうけとれる。しかし、トインビーの本意はむしろその逆にあり、自己中心的な仮定からの脱却にあったといえる。なぜなら、西洋文明の将来を考えることは、つぎの三つの理由から、ぜひともなさねばならぬことであった。

その第一は、二〇世紀の半ばをすぎた時期において、西洋文明は、現存文明のなかで解体期の明白な徴候を示していない唯一の文明であるという事実である。他のあらゆる文明が死滅したか、あるいは死の危機に瀕しているのに、西洋文明だけが成長の段階にあり、その現状および将来は、なお未決定の余地をのこしている。その意味で西洋文明の地位は、ユニークなものである。第二は、近代以降の西洋文明の拡大によって、現存の文明および未開社会のすべてが「西洋化」の波にのみこまれてしまったという事実である。第三は、西洋の科学技術文明の発達は、世界の一体化とともに、同時に核兵器を生みだし、全人類を滅亡の危険にさらしているという事実である。こうした現代史の重大な挑戦が、ほかならぬ西洋文明の胎盤にやどされた問題から派出するだけに、「西洋文明」の前途に焦点があわせられたといえる。それはひとり西洋文明だけの問題ではなく、不可避的に人類全体の命運にかかわるものといえよう。

『歴史の研究』は、たしかに世界的な文明の比較研究を目ざしたものであるが、その真骨頂の要約ともいえる「西洋文明の前途」の執筆の動機、さらに人類存続の条件としてあみだされた「世界国家」の構想にいたるまで、きわめて具体的で実際的な要請に応えるものであった。

グローバルな文明批評

このように、現代史と世界史という両翼を一つにしたダイナミックな研究は、トインビー史学の大きな特徴を伝えるものである。ここに歴史家としてのトインビーとともに、「文明批評家トインビー」としての側面をうかがわせるものがある。ここでいう文明批評とは、歴史学ないし世界史学を母胎とするものであり、第一次世界大戦後に本格的な確立をみたものである。ダニレフスキーやシュペングラーを、その先駆者とみることができよう。トインビーについていえば、その歴史研究が現在的問題関心につながり、専門の拡大と普遍化をみるとき、「文明批評」が成立するといえる。

それは、自己の民族的体験や利害だけに視圏をとどめることなく、世界史的な奥行きと眼光から、問題の本質と重みを計ろうとする。そこに「思想的に深みのある、総合的な社会批判と文化批判」を期待することができる。たとえば、トインビーが複雑にゆれうごく今日の国際情勢を分析し、世界史のゆくえを語るとき、あるいは人類の叡知をかけて解決を迫られる核戦争の脅威や南北問題をひもとくとき、また中東戦争やヴェトナム戦争の悲劇をみまもるとき、さらには都市問題や公害問題等、総じて現代文明の危機についての発言は、いずれも世界史的な背景のなかから位置づけられ、解明されるものであった。そこにみられるトインビーの真摯な動機、広い視野からの考察、問題の本質を読みとる深い精神的洞察、専門家をしのぐいち早い的確な予測、非支配的少数者としての虐げられ抑圧された人びとへの共感等は、すでに専門家の間に注目され、高く評価されるところである。

今日のように文明の転換期においては、とくにこのようなグローバルな視点にたつ文明批評の立場を無視することはできない。ここに、現代を座標軸として歴史の過去と未来をつなぎ、それに新しい活力をあたえる世界史の道が開かれる。それは、現代史学におけるトインビーの積極的な意義の一面とみることができよう。

歴史の意味と目標

シュペングラーの予見

これまで、トインビーの歴史意識やその意図をただすことによって、歴史観の特徴の一端を限どってみた。それはトインビーの歴史研究が現在的問題関心につながり、文明の比較研究という世界史的視野にたつことを、あとづけたものであった。しかし、この問題を究極的にきわめようとするとき、さらにもう一つの、より高次の問題が提起されることになる。いわゆる「歴史における自由と法則の問題」である。それは、人間の歴史がどこまで自由であるのかを問い、さらに文明の目標と意義を見定めようとするものである。この問題設定と究明は、トインビー史学の中核をしめ、頂点を形づくる。

最近の歴史をひもとくとき、今世紀初頭に人類史未曾有の第一次大戦を経験した。その悪夢も覚めないうちに、それをしのぐ第二次大戦が勃発し、世界はふたたび大戦の奈落におちこんだ。文明の成長期を象徴する創造的な息吹は、いまや鳴りをひそめ、「剣を万能」とするミリタリズムの精神が跋扈《ばっこ》する。それは、自己統御の内的原理を欠いた文明挫折の証左であり、文明解体の足音である。これまで自明のこととして信頼をゆだねてきた進歩への信仰が、もはやむなしい幻影となって

シュペングラー

瓦解し、歴史そのものにたいする疑惑を深めることになる。「西洋文明は無限の進歩のなかで破滅しない」との第一次大戦前にみた確信は、「ギリシア・ローマ文明と同じように破壊するのではないか」との不吉な予感に変貌する。

かつてシュペングラーは、高度文化には運命があり、死があることを洞察した。西洋文明は、もはや文明の最終段階としての「冬の陽射し」を浴びている。このシュペングラーのペシミスティックな予見は、今日有効な射程距離をもってふたたび甦る。果たしてシュペングラーが定めたような文明の「法則」があり、西洋文明も文明の解体過程にしたがって、「没落」の方向をたどるのだろうか。それとも、その必然的な運命に人間の叡知をもって抗し、救済への道としての運命を形づくる「自由」をもっているのだろうか。これまでにみた、歴史上一世代もたたないうちに体験した不幸の継起は、たんなる政治的、経済的な危機感をこえた、あるいはそれを一表現とする根源的な問いを、人びとに抱かせた。この文明史の重大な岐路にたって、歴史的な意味での現代の位置づけと、人類全体の中での自己の存在を問おうとする切実な関心が一般に高まってきている。

トインビーの『歴史の研究』も、じつはこのような時代の不安と民衆の燃えるような願いを基盤にして、生みだされたものであった。「歴史における自由と法則」の問題も、およそこのような意味と緊張に包まれるものであった。これからの人類史の最大の課題と目されるこのテーマについて、トインビーは、シュペングラーの光被に包まれながらも、それをのりこえる独創的な考察を展開している。

歴史の法則性

一般的にいって、すべての思考というものは、なんらかの法則ないしパターンに依拠する側面をもっている。歴史的思考においても、古くはポリビオスから、近くはヴィコやシュペングラーに、その一面が示されている。まず「法則」の存在ないし支配について、もっとも身近に認められるものは、いうまでもなく「自然の法則」であろう。昼夜の循環、季節の循環、世代の循環等は、その典型的なものであり、だれの目にも等しく認められるものである。また人間の意思が介在する景気の循環、戦争と平和の循環、文明の循環等においても、そこに固有な法則性を見いだすことができよう。

たとえば、それぞれの文明は、誕生して死滅するまで、「成長、挫折、解体」のコースをたどるものであり、その比較研究がほかならぬ文明論の基礎をきずくものであった。なかでも、文明の「解体の法則」は、八〇〇年ないし一〇〇〇年の長期にわたるものであるが、そこには解体期の象徴ともいえる「世界国家」の成立を中心に、「後退と盛り返し」のサイクルが、四〇〇年を単位にして描かれるのをみる。前半は、いわゆる「動乱時代」と名づけられる期間である。具体例をあげると、ギリシア・ローマ文明の場合、挫折の徴候を示すペロポネソス戦争からローマの統一までちょうど四〇〇年を要し、古代中国文明の場合、周から秦の統一まで四一三年、日本文明の場合、鎌倉時代から徳川時代の統一まで同じく四一三年であった。動乱時代の一サイクルは約四〇〇年であるという線で、各文明の符合の一致を見ることができる。

ところで、人類の未来は、これまでいくたびとなくくり返されてきた文明解体の法則に、われわれがどのような応答を示すかにかかっているといえる。人間は一面たしかに自然についての知識を得、自然を征服し支配することにおいて驚くべき成功をおさめた。自然科学の進歩は、今世紀前半における原子物理学、後半の分子生物学の分野にその結晶をみることができる。それは現に原子を分裂させ、生命の謎の解明に向かうものであった。また人間の生活や物的環境も、他の時代に類をみない著しい進歩を遂げた。

しかしその結果はどうであろうか。科学万能主義にかけられた甘い夢や期待は、幻影となってもろくも崩壊した。他面、人間の原罪を反映するかのような戦争や人種差別、また富めるものと貧しいものとの間にみる文明上のあるいは階級上の偏見と差別は、癒しがたくそのひずみを深めている。この現状を直視するとき、「自然の法則」に全的にぬかずくだけのものであれば、やがて没落の運命がひそかに待ちうけることが暗示される。

一方、歴史における法則性について、最大限の探究をつづけ、もし確固とした証拠を発見できるところまで到達したとしても、なお法則化しえない神秘の世界があることを思い知らされる。人間の生活は、かならずしも自然の法則にしたがうものではない。時としては、夜を昼にかえ、目的やリズムをかえてその裏をかいたりもする。概して、人間の意志行為や出会い、また詩作活動や予言者的洞察といったものは、自然の法則の原理をもってしては解き得ない、深遠で自由な世界を形づくる。このように、自然の法則の限界と、そこから解放される領域のあることを知るとき、自然の法則とは異なった別の法則の存在が想定されることになる。

　トインビーは、その法則を「神の法則」とよんでいる。それは、神の恩寵の光に照らされた法則である。人間は「自然の法則」の支配だけで生きているのではない。その上に、神の呼びかけにたいする人間の応答という「神の法則」のもとに生きている。この神の法則こそ、自由そのものと、その本質をいっそう明らかにするものである。なぜなら、人間の自由は「人間が神によって提示される挑戦に応戦することを求める出会い」から生まれるものであり、愛である神によってのみ人間にあたえられる、といえるからである。したがってこの神の法則は、「自由の法則」または「愛の法則」といいかえることもできる。

「自然の法則」から「神の法則」へ

ところで、人間の生活を規定する二つの法則は、矛盾対立の関係にたつものであろうか。すなわち、前者の、人間の魂の存在意義を歴史の内部にとらえようとするいわゆる「純粋に現世的な見方」と、後者の、歴史の外部にとらえようとする「純粋に彼岸的な見方」とは、水と油のようにまったく相容れないものであろうか。トインビーは、それぞれの見方に一脈の真理があるとしながらも、単独では十分な根拠と内実を得られないとする。両者の分断ではなく、相互作用と相補関係に留意しながら、トインビーは「神の王国」の一領域としての統一的把握を試みる。

ここに開かれる世界は、「人間の個々の魂がいまだこの世界を離れない先に、個々の魂をして、神みずからの仕方においていよいよ深く神を認識し、神みずからの仕方にいよいよ深く神を愛せしめる」ところの世界である。永遠不滅の意義と価値の実現を、トインビーはこの世界にみる。「歴史は人間の魂にとって何を意味するか」という、トインビーの文明論を凝縮した問いの解答も、ここに示されているといえる。神の法則は、個人の魂の救済という、人間の真の目標を啓示するものであるが、自然の法則は、そこにいたる歴史的な試練の過程であるといえよう。

両者は、ちょうど馬車の車体にとりつけられた車輪の関係にも比せられる。というのは、自然の法則は、神が神自身の車にとりつけた車輪として描かれるとき、はじめて存在の意義をもつことになる。いいかえれば、「自然の法則」は、自己犠牲の代償を払いながら、しだいに「神の法則」の水準に高められ、包摂されることによって、十分な存在の根拠を得ることになる。

文明の興亡と高度宗教の成立は、その歴史的事例である。一例をあげれば、バビロニア文明とギリシア・ローマ文明に編入されたシリア文明は、その敗北と抑圧という歴史的苦悩と陣痛を通して、ユダヤ教やキリスト教を生みだした。同様に、ギリシア・ローマ文明に編入されたインド文明は、大乗仏教とヒンズー教を生みだしている。

いわば、最大の不幸と最深の悲劇をくぐりぬける「文明体験」が、文明をこえる崇高な精神的次元への目を開き、内面的な高度宗教の成立を可能にしたといえる。言葉をかえれば、文明の敗北という悲劇的体験の挑戦にたいする精神的応戦として、高度宗教の成立をみることができるといえよう。ここでは、これまでのように政治的・権力的な支配ではなく、「精神的な苦悩」が価値となる。そこに真の新しい自由と創造への道が開かれる。具体的な歴史的検証を通して得られるこの洞察は、トインビーの確信にまで昇華されている。またそれは彼の思考と歴史的考察の原点をなすものである。

「自然の法則」から「神の法則」への移行という軌道について、トインビーはつぎのように述べる。「危険な登攀《とうはん》を試みるようにというその創造者の呼びかけに引かれて、被造物がよじ登った断崖のこの最も高い目にみえる頂上で、われわれは苦闘している人間登攀者の伸びない手を迎えるために、神が手をさしのべている光景を一瞥することができる。そして手が握られる時点で、法則と自由は区別できなくなる」。このように二つの法則の概念を、二律背反の関係としてでなく、統一的に調和をはかってとらえることは、トインビーの独自の着眼として注目される。

さらに、「歴史における自由と法則」の問題を、一般的な理論から身近にひきよせ、実践的な認識につなぐとき、新たな問題が再燃することになる。すなわち、われわれと同時代の第三代の文明は、じつは「神の法則」をないがしろにしているのではないか、という疑念である。

近代文明への疑惑

近代西洋文明は、「自然の法則」の解明と応用に人類未踏の偉大なる凱歌をあげたにもかかわらず、その陶酔におぼれ、人間存在の奥義に盲目であったといえる。すなわち、現象の背後にかくされた究極的な実在やその秩序に、目をさますことができなかった。また、人間の内面的な意味や救済にかかわる精神的次元の問題から、目をそらしがちであった。「神の法則」は反古《ほご》にされ、ナショナリズムやコミュニズム、さらに産業主義といった多彩な色どりの「レヴァイアサン」崇拝に終始した。トインビーからみれば、近代文明のこれらの偶像崇拝は、いわば「低次宗教」への逆行を意味するものであった。ここに、西洋文明だけでなく、西洋化されたすべての文明を危機におとしめた近代文明の挫折と限界の根源的な意味が読みとれる。トインビーが、第一代、とくに第二代文明を高度宗教の苗床としてあたたかく迎えながらも、今日の第三代文明に冷たい眼差しを向けるのは、このような事情にもとづくものである。

近代文明が、いまわしい出来事の反復としてではなく、歴史上本質的な意義と価値を有するためには、今後「神の法則」をいかにうけいれ、回復するかにあるといえる。文明救済の可能性についてトインビーは、「文明はそれ自身の力だけで自らを救うことができるか。……この問題について、私が熟慮の結果得た答は『否』である。文明はそれ自身の力だけでなく、高度宗教の力に頼ることによってはじめて救われる」と述べる。人類は文明を超克することによって、はじめて文明救済の道を開くのである。ここにトインビーの独得のパラドクシカルな解明があり、また「歴史における自由と法則」の問題の重心と実践的な課題があるといえる。

最初にみたように、トインビーの歴史研究は、はじめ文明の客観的・科学的な比較研究として出発したものであったが、やがてメタヒストリー（形而上史学）としての色彩を濃くすることになる。すなわち「私が『歴史の研究』を書くために、その覚書きの作成に着手しはじめてより、すでに二七年以上もの年月が過ぎた。……私たち自身の見方も変化し、宗教というものが、私の世界観の中心に位置するようになった」ことを告白する。トインビーが『歴史の研究』の一応の終結の部分（二〇巻）で語る歴史研究の目的、立場、貢献についての視点も、いずれも宗教的方位に包まれたものであるといえる。このように、トインビーの歴史研究は、形而上的なものと歴史的なものとの対立を統一的に把握しようとするものであり、ことに文明における宗教の機能と役割を重視するものである。それは独自の特徴を形づくるとともに、反面多くの批判の拠点をあたえることにもなった。

トインビーのこのような構想上の変化は、勿論安易な思いつきや移り気といった、凡庸な地平にたつものではない。その点にふれて「この四巻（一九五四年刊）は、長崎と広島に原子爆弾が投下された後に書かれており、第七巻〜第一〇巻のなかに聞かれる調子は、イタリアによるアビシニア侵略と第二次世界大戦勃発の間に書かれた第五巻と第六巻（一九三九年刊）のなかにすでに聞こえていたものである」と述べる。いわば『歴史の研究』が、もっとも「困難な時代」といわれた不穏な一九三〇年代と、「集団的自殺」にも等しい原爆の恐怖に直面した四〇年代という、歴史の極限状況において執筆されたことが、トインビーの心を大きく動かしたといえる。宗教の本質や役割にたいする視点の変遷を、このような背景から見ることができよう。

時代の苦悩の体現者

それは、ランケの歴史的著作のように冷静なものでないとして、また非科学的で異常なこととして、顰蹙《ひんしゅく》を買う筋合いのものではないであろう。むしろ著者が生きた時代の不安と重みを誠実に受けとめ、書き表すべき内的必然性にささえられたものとしてきわめて当然のことであろう。その意味で、タンギー＝リーンが評したように、トインビーは一定の文化的状況の代弁者であり、現実の問題にたいする時代の苦悩の体現者であるといえるかもしれない。文明の解体と死の光景に心を痛めながら、なんとか不滅の永遠性に歴史をつなごうとする、はりつめた燃えるような願望が、心中に脈動しているといえる。

概して歴史叙述における偉大な研究といわれるものは、たんに豊かな理解や静的な観照にとどまるものではないであろう。それはまず時代の危機にかかわる鋭敏な感受性という人間的基盤の上になりたち、人間と社会に連帯する配慮をふくむものであり、思想の核としての心をあたえるものである。トインビーの形而上史学的研究、ないし歴史構想の変容について、正しい理解を得るためには、すくなくともこのような視点を包摂することが必要であると思われる。

歴史家の課題と責任

これまでトインビー史学の特徴を、その課題と方法の側面から素描してきた。それは、なにぶんにも独創的であり、また伝統的史学への挑戦をふくむことから、多くの論議をよぶところとなった。トインビーの代表的な批判論集である『トインビーと歴史』（一九五六）の編者A・モンテーギュは、その序文で「トインビーの『歴史の研究』は、その時期においてもっとも有名であり、またもっとも広く批判された著作の一つである」と当時の消息を告げている。ここで、トインビー史学を正しく位置づけるためには、とくに現代史学の課題と方向を吟味することが必要であろう。

現代における歴史学の課題について、J・フォークトは「私はますます歴史の意味をたずねることの重要さを確信し、そのうえ、今後人類の歴史という観点から問題を立ててゆくことは、専門歴史家の領域でもいっそう重要になってゆくと考えられる」と述べている。またG・バラクラフは

遺著『人類と母なる大地』
(1976年)

「今日われわれが直面する状況において、過去にたいするわれわれの伝統的なアプローチが不適当になったことを認識することのみが、世界史研究にたいしてシアリアスな関心を注ぐことを余儀なくしてきたのである」と述べる。さらに「各時代はそれ自身の歴史の見方を必要とする。そして今日、われわれは、旧ヨーロッパが世界政治と世界文明のあらたなる時代のなかに存立しているというこの新しい状況に適応するような、ヨーロッパの過去についての新しい見方が必要なのである」と語調を強める。今日の歴史学界を代表する両者は、いずれも、伝統的な歴史学の限界をのりこえ、新しい歴史学のあり方、すなわち「真の世界史」を提唱しているといえる。

今日の状況が示すように、世界はたしかに一体化され、政治的・経済的・技術的な結合が深められている。そのことを熟知しながらも、われわれの歴史的思惟は、依然として旧態をかこち遅れをとっているといえる。フィンバーグは、「近ごろでは大規模な歴史を書いたり教えたりする者は、もはや一人としていない、という苦情がきこえる。もし誰かが書こうとすれば、狭い専門領域で武装をかためた、多くの専門家の批判によって、たちどころに袋だたきにされてしまう」と保守的な学界事情を伝えている。特殊テーマの研究に没頭する専門家にとっては「できることなら世界史を考えずにすませたい」という誘惑が心をよぎるのであろう。

ドーソンも示唆するように、たしかに一文明の範囲に研究をとどめるなら、安易であり、安心である。その点文明の比較研究を通しての世界史を目論むことは、異質な文明にふみこむだけに、困難であり、歴史家の能力の限界をこえることかもしれない。またたとえそれが可能だとしても、歴史学の正統性と意味をそこなうものとして不評を買い、異端視されることかもしれない。

しかしそれにもかかわらず、二〇世紀の状況と要請は、まさしく世界史を希求している。トインビー史学は、歴史を超歴史的なものから分離し、歴史的世界の自己推進と自律性にひたすら重きをおいてきた近代史学体系への批判をふくみ、また世界史的な視野から歴史の意味をたずねようとする現代史学の課題をうけとめるものである。今日近代史学としての「歴史主義の克服」の道がひさしく説かれながらも、その責任をわがものとし、前向きに反省と批判に身をのりだす歴史家の姿は意外にすくない。その真の意味を認識し、巨視的な視座に立つとき、トインビー史学は、現代の歴史解釈における高度な仮設的真実の一つとして、高く評価されるべきであろう。

Ⅲ　トインビーの宗教観

高度宗教の成立

宗教的な視座　トインビー史学の大きな特徴の一つは、人類史を究極的に宗教的ないし道徳的観点からとらえていることであろう。数多いトインビーの著作に目を通してまず感じることは、彼の思考の根底に、つねに宗教的視座がすえられていることである。なかでも『一歴史家の宗教観』（一九五六）や『世界諸宗教とキリスト教』（一九五七）といった、宗教を直接の主題とした著作があることは、すでによく知られている。また彼の著作には、歴史的というより、むしろ宗教的概念といった方がよさそうなものが随所にあらわれ、歴史考察上の主要な概念と結びつけられている。「挑戦と応戦」、「出会い」、「試練」、「霊性化」などはその一例とされよう。さらに「高度宗教」、「世界教会」といったトインビーの独創的な概念は、彼の歴史考察がいわば山場にさしかかるときつねに顔を出し、歴史理論の中核を形づくっていることをうかがわせる。

トインビーの『歴史の研究』が投げかけた挑戦の本質について、マクニールは「歴史研究のなかでの従来の専門領域の境界を大胆に打ち破ったこと」とあわせて「歴史の研究を究極的な哲学的ないし神学的問題と結びつけたこと」をあげている。すなわち一方では、専門的研究の部分的にかたよった壁をのりこえて、全体的な歴史を書きとめようとし、また他方では、歴史研究を通して、人類の運命や人間事象における神の果たす役割等の、いわば人間存在に関する究極的な問題に立ち向かうトインビーの姿勢が認められる。

ここでしばらく、トインビーの歴史観の奥に秘められている独得のニュアンスを聞きとるために、彼自身の言葉に耳をかたむけることとしたい。なぜ歴史を研究するのか、歴史とは何かという問いに対し、歴史家の答は、それぞれの経験にもとづいて十人十色のものとなるであろう。そこにトインビーなりの答を求めるとすれば、歴史の研究について「『神を追い求め、神を見出すように』という神の呼びかけのうちに自己の使命を見いだした」のであり、歴史とは「誠実に神を求めていた人びとに、行動を通して自己を啓示する神の姿を見ること」、さらに歴史の貢献は「神の創造活動を明らかにすること」にあるという。もちろんトインビーの歴史観ないし歴史理論が首尾一貫して宗教的方位をもち、宗教性に包まれるものであったといえば、いささか誇張になるであろう。『歴史の研究』に則して見れば、同書ははじめ、「人間事象の分析的・分類的比較研究として始まったが途中で形而上史学的研究に変わった」のである。いわゆる研究分野と目的の変化についてほのめかしている。

宗教観が凝縮された
『一歴史家の宗教観』

事実、『歴史の研究』の第一巻から六巻までは、大まかにみて、文明を中心に思考がめぐらされ、「なぜ文明が成長し解体するか」についての解明が、主要な関心事であったといえる。ところがその後、第七巻（一九五四年刊）の刊行をみる頃から、主題の逆転がみられる。すなわち宗教を中心に、「文明がそうなる目的は何か」について論じられるようになる。一部の人から、第七巻の著作を指して「新しい著作である」と評価されたのも、いちがいに否定できない事情がここにある。

「二重構造をもっている」

歴史研究に向かうトインビーが、精魂をかたむけたテーマとは、つきるところ文明の目標についてであり、また文明救済の可能性についてであった。文明はそれ自身の力だけで自らを救うことができるか、との問いに対し、トインビーは「文明はそれ自身の力だけでなく、高度宗教の力に頼ることによって、はじめて救われると信じる。人類はこのように、文明を超克することによって、文明を救うことができる」との信念を最終的に変えていない。『歴史の研究』のプランが一九二一年につくられ、一九二九年に執筆されて以来、完結をみるまでに長い年月を経ており、そこに構想上の変化もみられる。しかし、トインビーの歴史観や世界観のなかにしめる宗教の位置は、近年ますます重みを増しているといえよう。彼がドーソンとならんで、よく「メタヒストリアン」（形而上史家）とよばれるのも、この辺の事情にかかわっている。「霊性と歴史」、すなわち宗教と文明の綜合を目ざす歴史家としてのイメージが、二人の面影を一つに結ぶのであろう。

しかし、このような文明に対する宗教の位置づけをめぐって、トインビーに究極的な立場で歩調を合わせるドーソンやハーディの存在は、むしろ少数派である。大方は、トインビーの宗教的偏重の側面ににがりきっている。とりわけガイルやバーンズはそうである。ここで、明らかに無理解と思われる頭ごなしの否定論をやわらげるために、トインビー史学の構造的特色を簡潔に限どることにしたい。その点で、山本新氏のつぎの指摘は示唆的である。「大きくいってトインビー史学は、二重構造をもっている。つまり事実認識としての経験科学的なものと、意味、運命、価値にかかわる思想的なもの、つまり哲学的なものとが、だきあわさっている。上下の二重構造をさらに区分けすれば、下の方は、歴史学と社会学から、上の方は哲学と宗教思想からなっている」。

すなわちトインビーは、歴史を研究しながら、哲学的・宗教的意図をもっている。元来その成立がむずかしいとされる歴史哲学の、両極のバランスの緊張にたえながら探究をすすめるというパラドックスをもつことが、じつは比較文明論としてのトインビー史学の本領であるといえよう。

高度宗教の意味

トインビーの歴史研究は、文明の比較研究を基礎としながら、究極的には文明の目標と意味を探究しようとするものである。その立場は、たんなる事実認識のレヴェルをこえ、宗教的な意味解釈と価値判断をふくむことから、一面形而上史学としての色彩を深めている。「文明にとって宗教は何であるか」という歴史における宗教の位置づけは、いわばトインビーの中心的命題をなすものであり、彼自身その研究にもっとも心をかたむけてきたといえよう。そのなかで、まず「高度宗教の成立」という問題をあとづけてみたい。トインビーの命名による「高度宗教」という概念は、個々の人間と超人間的な精神的実在との直接的な関係を特質とし、かつ特定の文明の超克を目ざすものといえる。一応、「独立性と普遍性」をそなえることが、他の自然崇拝や人間崇拝の、いわば「低次宗教」から区別する目安となる。『歴史の研究』(第七章・世界教会) 所収の高度宗教のリストでは、二九の高度宗教をあげている。そのなかで今日命脈を保っているのは、小乗仏教、大乗仏教、ヒンズー教、ユダヤ教、キリスト教、イスラム教、ゾロアスター教の七つであるが、トインビーが通常よく引用するのは、小乗仏教をのぞく他の六つの宗教である。

高度宗教の成立をめぐる比較文明論的な問題関心は、すべての高度宗教が、シュペングラーやバグビーの唱えるように、一文明のなかに包含されており、文明の観点から完全に説明できるかどうかの点にある。いいかえれば、宗教は一文明の内部に生まれ、その一部にとどまって、他の文明とのかかわりや文明をこえる意味をもちあわせないのかとの疑問を提出し、それについて歴史的検証をはかることである。トインビーもはじめは、このような見解に同調するものであった。トインビーが最初に立てた「理解可能な研究領域」としての「文明」という基礎的な仮定は、文明のあらゆる局面の研究にあてはまるものとして規定されていた。たしかに、この規定は、文明の発生、成長、挫折の各段階の考察にとどまるかぎり、ほぼ手頃な単位として妥当性をもつものであった。文明の挫折といえども、その原因は、つねに内面的な自己決定能力の喪失によるのであり、外部からくわえられるものではなかった。

ところが、挫折期からつぎの解体期にさしかかるとき、この規定はどうもあやしくなり、全面的な適用と維持が困難になる。解体期には、社会の分裂が生じる。トインビー流にいえば、支配的少数者による世界国家、内的プロレタリアートによる高度宗教（世界教会）、外的プロレタリアートによる蛮族戦闘団体の三つどもえの闘争が展開されることになる。三者ともそれぞれ固有の作用で、解体しつつある文明の枠をこえ、異質な文明との関連性が認められるようになる。じつは、この文明を超克するもっとも典型的なかたちの一つを、高度宗教の成立においてみることができる。

外来のインスピレーション　高度宗教の成立は、その内的生命として不可欠の源泉を、外来のインスピレーションから得ている。たとえば、ギリシア・ローマ文明において、最後の栄冠をかちとるために互いにしのぎをけずっていた高度宗教のうち、イシス崇拝はエジプト文明に、キュベレ崇拝はヒッタイト文明に、キリスト教とミトラ教はシリア文明に、大乗仏教はインド文明にインスピレーションの淵源をたずねることができる。

ではこれらの宗教が、ギリシア・ローマ文明にもちこまれた経緯はどのようなものであろうか。はじめの四つの宗教は、紀元前三三四年およびそれ以降のアレクサンドロスのアケメネス帝国征服の結果、エジプト、ヒッタイト、シリアの各文明の民族が、ギリシア・ローマ文明に編入されたことによって実現した。また大乗仏教は、紀元前一八〇年およびそれ以降、バクトリア・ギリシア王国のエウテュデモス朝のインド征服の結果、同じくギリシア・ローマ文明に吸収されたことによっている。五つの高度宗教には、その内面的な精神的本質に大きなへだたりがみられるにしても、「非ヘレニック的な宗教的インスピレーションを、ヘレニック的な形式―信仰的、哲学的、芸術的な形式―によって表現しようとする試み」においては、共通性をもっており、自己をこえる異質の文明との出会いと交流が認められる。

高度宗教は、外来のインスピレーションによって生まれるという想定のもとに、それに該当するいくつかの事例をとりあげてきた。しかし、一見土着のインスピレーションによって生まれたと思われる高度宗教の存在も、一方に見落とせない。その類のおもなものとして、ユダヤ教、ゾロアスター教、イスラム教があげられる。これらの三つの宗教は、インスピレーションの出所や活動領域も同じシリア文明圏であり、またヒンズー教も、同様にインド文明の域を出るものではない。この事例は、「一文明内の宗教」としての見解に、分がありそうな雲行きを暗示する。果たしてそういう結論につながるのであろうか。

事態を巨視的にきわめていくと、ユダヤ教とゾロアスター教を生みだしたシリア文明の民族は、じつは紀元前八世紀から六世紀までアッシリア帝国の征服の結果、バビロニア文明に編入されている。したがって、ユダヤ教とゾロアスター教の誕生は、アッシリアの政治的・軍事的挑戦に対する宗教的応戦の所産である。すなわち土着のシリア文明のインスピレーションによって生まれたとするより、むしろバビロニア文明の「内的プロレタリアート」(社会に存在しながら、社会的な権利をもたない存在)としてのシリア文明がもちこんだ宗教として分類した方が、適切であるといえよう。イスラム教とヒンズー教の誕生についても、やはり同じような文脈で、ギリシア・ローマ文明の政治的・軍事的挑戦に対するシリア文明、インド文明の宗教的応戦としてとらえることができよう。

これまでの追跡を通して、高度宗教の誕生は、土着のインスピレーションによってではなく、外来インスピレーションによるとする見方に、正当性が付与されるかのようである。とすれば、高度宗教の成立を理解するために「すくなくとも二つの文明の接触、すなわち、その内的プロレタリアートのなかから新しい宗教が発生する文明と、その宗教の外来のインスピレーションの源になる文明との接触を考慮に入れなければならない」ということになる。したがって「今日存続している高度宗教の発生はわれわれが研究分野を一つの文明の範囲から二つないしそれ以上の文明の出会いを含むように拡大する時にはじめて理解可能になる」という結論に導かれる。

高度宗教の成立は、最低限二つの文明の接触と交渉を前提としており、「理解可能な研究領域」

はもはや一文明の枠内では十分でなく、はるかにそれをこえる新しい分野が設定されなければならない。同時に、文明の超克としての高度宗教の成立は、一体どのような意味をやどしているのか、深い切りこみの分析と洞察が必要であろう。

高度宗教を生む類似性　高度宗教の成立は、すくなくとも二つの文明の出会いが前提とされるという見解は、他面、歴史・地理学上の平凡な事実に注目することによっても、検証することができる。いわゆる「高度宗教を生んだ地」を注意してみると、地球上のどこにでも分散しているというより、ある特定の地域にかたまっていることが確認される。すなわち、地理学上の広い意味でのシリアと、中央アジアのオクソス（シルダリア）・ヤクサルテス（アムダリア）河流域の二地点およびその周辺である。シリアでは、ユダヤ教、キリスト教、その周辺にミトラ教、マニ教、イスラム教等が生まれている。他方オクソス・ヤクサルテス河流域では、ゾロアスター教、大乗仏教、その周辺に原始仏教、ヒンズー教が生まれている。この両地域に、はからずも多くの高度宗教の誕生をみたことは、偶然性によるのではない。その解明の糸口をたどるためには、地理的・歴史的な意味での特殊な類似性に注目することがまず必要であろう。

たとえば両者の自然環境は、環状交通路として、その機能を十分に発揮し得る地形にあった。シリアのロータリーでは、ナイル河流域、地中海、アナトリア、ティグリス・ユーフラテス河流域、さらにアラビアーステップの各方面からの街道をむかえ入れている。中央アジアのロータリーでも、イラン、インド、極東、ユウラシアーステップからの街道が交差していた。当時ステップは、「乾燥した大洋」として海のような伝導性を示し、隊商の旅行への道をひらいて、文化の伝播に大きな貢献を果たしている。

つぎに、歴史的にみてどうであろうか。両者の、とくに政治史の記録をたどると、長期に、またいくどとなく外来文明の征服を被り、その世界国家の支配をうける「内的プロレタリアート」として、土着文明の存亡にかかわる苦渋にみちた経験をみることができる。

シリアでは、紀元前二〇世紀から今日までの約四〇〇〇年にわたって、「シリアの通常の政治的運命は、どこかの世界国家に包含されることであった」という事実を知ることができる。シリアを支配した一連の世界国家として、シュメール帝国、エジプト・新王国、新バビロニア帝国、アケメネス帝

高度宗教の誕生地

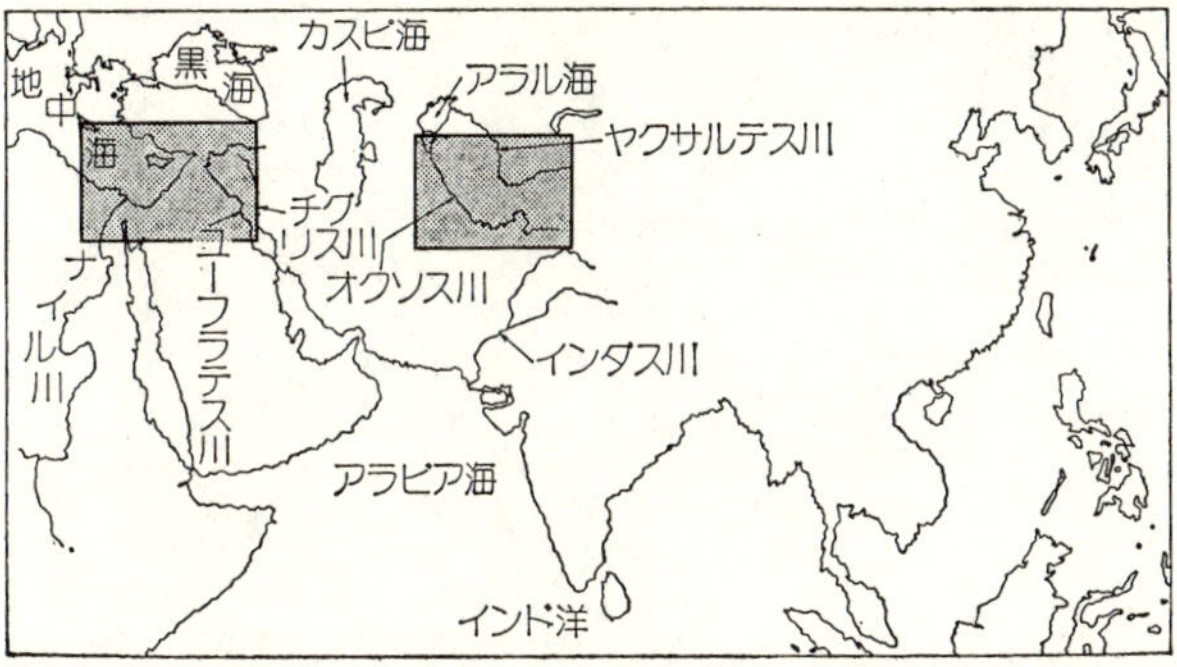

国、ローマ帝国、アラブ－カリフ国、オスマン帝国の名があげられる。さらにどこかの世界国家に包含されていないときでも、二つの他の帝国間の分割によって、国土が引き裂かれる運命にあった。シリア土着の政権が息を吹きかえし陽の目をみたのは、紀元前八世紀のアッシリア帝国の侵略を被るまでの四世紀をもっとも長期のケースとしている。そのほかに土着政権が回復したのは、三回だけであり、それもほんのわずかな年月にすぎなかった。じつにシリア政治史のほとんどすべては、外来の文明によって塗りつぶされていたといえる。土着文明は過酷な境遇のもとに、その抑圧と悲惨に耐えなければならなかった。

オクソス・ヤクサルテス河流域の政治史に目を転じても、同じような事態が確認される。すなわち紀元前六世紀のアケメネス帝国の支配以来、アラブ－カリフ国、モンゴル帝国、ロシア帝国の四つの世界国家のほか、三つの帝国に包含されたにがい経験を味わっている。

文明をこえる宗教

このような政治史上の記録は、基本的には「シリアおよび中央アジア地域における多数の文明の出会いについての証拠であり、そしてこの二つの地域で諸文明が異常に活発に交流したことが、これらの地域に高度宗教の生誕地が異常に集中している理由を説明するものである」とみることができよう。以上のことを手短にまとめると、たしかに高度宗教が生まれるには、まず文明の出会いが前提とされ、出会いの前に、それらの文明の一つに挫折と解体があったということができよう。一例をとると、バビロニア文明とシリア文明との出会いからユダヤ教とゾロアスター教が、同じようにギリシア・ローマ文明とシリア文明との出会いからキリスト教とミトラ教が生まれている。さらにギリシア・ローマ文明とインド文明の出会いから大乗仏教が生まれているといえる。

しかしいずれの場合も、自己陶酔にひたる勝ち誇れる文明ではなく、敗北した文明の側から高度宗教の誕生をみている。それは高度宗教が、どのような状況と条件のもとで誕生をみるかを象徴的に語っている。これらの事例を、比較文明論の関心にひきよせて考えるならば、高度宗教の成立は、外来文明の圧倒的な政治的・軍事的挑戦に対し、土着文明の反撃としての宗教的応戦を示すものであり、土着回復の運動としてとらえることができよう。さらに根本的に重要なことは、土着文明の解体という政治的敗北は、宗教的勝利という文化的克服によって、救済への道が開かれるということである。ここに、文明の闘争の真の解決は、文明それ自身のなかにはなく、それをこえる高い精神的次元の設定、すなわち高度宗教の成立のなかにあるというトインビーの洞察を、あらためて確認することができる。

以上、高度宗教の成立は、外来のインスピレーションを源泉とし、また文明の出会いが必要であったという二つの側面を裏づけることができた。そのことによって、はじめにかかげたシュペングラーやバグビーの「文明内での宗教」とする見解は、トインビーの「文明をこえる宗教」として克服されることになる。さらに、文明の出会いという新たな方法を視座にすえることにより、高度宗教が成立する歴史的条件と本質的な意味を考えあわせてみた。

高度宗教の役割

つぎに「高度宗教の役割」という、トインビーのより核心にふれた論点を中心に検討をすすめることにしたい。一般的にみて、「文明と宗教」のあいだには、古来密接不可分な関係が認められる。そこにまた、さまざまな見解が披瀝されてきたといえる。ところでトインビーは、この問題についてどのような考察を展開しているのだろうか。彼は文明にたいする宗教の機能と役割の問題をめぐって、まずこれまで提起されてきた主要な見解をとりあげ、比較文明論的な方法からその分析と検証をはかろうとする。この文明と宗教の問題は、トインビーの用語法にしたがって、「世界国家」と「世界教会」という、より具体的テーマにおきかえることもできる。

癌としての宗教

そこでまず第一にとりあげられる見解は、文明にたいする宗教の否定的な役割である。およそ文明にとって宗教の介在は、衰退と死滅をもたらし、いわば破壊へのいざないにすぎないとする診断である。このような宗教の機能を、トインビーは「癌としての宗教」とよんでいる。「世界国家」を宿主とする寄生虫的存在として、やがては宿主の生命をむしばみ死をもたらすという「世界教会」の役割が、そこに暗示されているといえよう。

この見解は、歴史的に「ローマ帝国の没落とキリスト教」という問題関心につながり、ギボンやフレーザーの所説のなかに、その典型をみることができる。ローマ帝国がなぜ没落し、その没落にキリスト教がどのようなかかわりをもったかという問題は、もともと魅力的なテーマとして多くの人びとの興味をそそり、かつ多方面からの論議が交されてきた。ローマ帝国没落の原因論は、大別して外的原因論と内的原因論の二つに分けることができる。外的原因論とは、その没落をキリスト教の成立やゲルマン人の侵入にみるもので、二〇世紀初頭まで学界を支配してきた見解である。

「野蛮と宗教の勝利」

まず帝国の没落に関し、キリスト教の責任を問う見方は、ローマ帝国がまだ命脈を保っている時代に、ケルスやルティリウス等の主として異教徒側の申し立てのなかにみられるものである。その後、一般的思潮としては、ルネサンスの人文主義者によって問題が再然し、多様な角度からその原因が追究されている。キリスト教批判という形では、一八世紀の啓蒙期の反宗教的風潮を背景に、モンテスキューやヴォルテールの批判をくぐりぬけながら、最終的にはギボンによって、批判の決定的な局面をむかえることになる。没落原因として、ゲルマン人の侵入がクローズ－アップされるのは、一九世紀以降のことである。ギボンは名著『ローマ帝国衰亡史』を著したが、その主題は「私は野蛮と宗教の勝利を記述した」という結論の一文に要約されるものである。

この著作の意図は、ネルウァからマルクス＝アウレリウスの五賢帝時代に全盛期をむかえ、「地球上の最も美しい部分と人類の最も開花した部分を包括していた」と評されるローマ帝国がなぜ没落したかという、その間の重要な事情を明かそうとしたものであった。ギボンはローマ帝国没落の様相をひとわたり概観したあと、ライン河とドナウ河ごえに帝国領内に侵入したゲルマン民族と、ローマ帝国に征服されながらかたくなに意志をつらぬき、けっして同化しなかったシリア文明出のキリスト教という、二つの外敵からの同時的攻撃がその原因であったとみている。いいかえれば「野蛮と宗教」が、ギリシア・ローマ文明の転覆をはかり、その後の歴史に悲しむべき陰惨な時代を生みだしたということになる。ギボンの見解は、キリスト教を帝国没落の唯一の原因とみなすものではないが、やはり没落の主因としてみていることは否定できない。

蛹としての宗教

以上のようなギボンの見解に対し、トインビーはどのようにみているだろうか。未開社会の比較研究によれば、社会の崩壊原因は外的暴力によることが多いと示唆されているが、ギリシア・ローマ文明の場合もそうであろうか。まずギボンとの争点は、ギリシア・ローマ文明が正確にいつ没落に向かったのか、またそれはなぜかという、時期の設定と原因の究明をめぐるものである。そこでギボンの見解をみると、すでに没落の時期に関して、誤謬《ごびゅう》の第一歩をふみだしているといえる。なぜなら、ギリシア・ローマ文明は「キリスト教あるいは他のヘレニック世界の高度宗教が、地平線上に姿を現すはるか前に、それ自身に致命的な深傷を負わせられている」と考えられるからである。ギリシア・ローマ文明が挫折する時期を、トインビーは紀元前五世紀（前四三一）のペロポネソス戦争の勃発においてみている。

通常、文明の挫折は、文明の内外にわたる戦争や対立抗争を原因としてもたらされるものである。紀元前五世紀のギリシア・ローマ文明においても、相前後して、国家間の戦争や階級間の対立を刺激するような事件が発生している。ペロポネソス戦争以外に目をむけても、紀元前四一六年のアテナイ人がメロス人にあたえた処遇、紀元前四一三年のシラクサ人がアテナイ遠征軍にくわえた処遇、紀元前四〇四年のアイゴスポタモイの戦闘後のアテナイ人捕虜の虐殺、それに紀元前四二七年から四二五年にかけてのコルキュラ島民の党派間の争いなどがある。このように紀元前五世紀には、文明の存立をゆさぶる多くの解体要因が胚胎していたと考えられる。したがって、ギリシア・ローマ文明は、キリスト教の勃興以前に、すでに内部的な原因によって自滅の運命をたどっていたと結論することができよう。

トインビーの観察によれば、キリスト教は挫折の原因ではなく、文明挫折後の「動乱時代」をひきつぐ、ペリクレス時代からアウグスチヌス時代までの解体過程の、エピローグとしてとらえられる。このような、ギリシア・ローマ文明とキリスト教にみる関係は、他方、古代中国文明における大乗仏教との関係においても、同様の筋書をみることができる。中国文明の挫折を告げる「動乱時代」は、晋と楚の間の覇権をめぐる紀元前七世紀の戦争によって始まるとみられる。それは紀元三世紀に、大乗仏教が流入し人びとの心をとらえた時期よりも、はるか以前のことである。このように、比較文明論的な文脈から考察するとき、ギボンの見解である文明に対する宗教の否定的機能は、歴史的事実にそぐわないことが判明する。その見解の非は、すでに多くの学説によっても実証されている。とすれば、トインビーが示唆するように、高度宗教は「社会の癌」であるよりは、すくなくとも「精神生活および社会生活の糧」としてみる方が妥当であるのかもしれない。

この観点から、文明と宗教に関するトインビーの第二の見解がさそいだされる。すなわち宗教は、文明誕生の要因として新旧両文明の交替劇に立ちあい、その空白期にあって両者の橋渡しをするという見方である。この文明に対する宗教の仲介的役割を、トインビーは生物の繁殖過程になぞらえ、「蛹としての宗教」とよんでいる。トインビーの言葉を引用すれば、宗教の具体的制度的表現である「世界教会」は、「一つの文明の崩壊と次の文明の誕生との間の危険な空位期を通じて、生命の貴重な萌芽を保存することによって、文明として知られる『種』の社会を存続させる」という役割を果たすのであり、そこに独自の存在理由が見いだされる。

この文明の世代交替の過程における「産婆役」としての世界教会の機能は、歴史的にその事例を追跡することができる。たとえば、キリスト教は、ギリシア・ローマ文明から、次代の西洋文明と正教ギリシア文明およびその分派のロシア文明への誕生に立ちあっている。その他、大乗仏教は、古代中国文明（周・漢）から中国文明（隋・唐以降）およびその分派の朝鮮文明と日本文明への、さらにヒンズー教は、インド文明からヒンズー文明への、イスラム教は、シリア文明からイラン・アラビア（回教）文明への、それぞれの文明の誕生に立ちあい、仲介者としての役割を演じていることが確認される。逆説的にみれば、現存のこれらの文明は、文明誕生の条件として、いずれも「蛹としての教会」を自己の胎内にやどしていたということになる。

大衆への愛と連帯

この文明史上、親文明から子文明への移行は、一朝一夕に実現するものではなく、長期的な過程をたどるものである。トインビーは、その移行過程に三つの時期を設定し、それぞれの特徴をあげている。第一期は「受胎期」とよばれ、世界国家における世界教会の伝達が特徴とされる。いいかえれば、社会の創造的エネルギーが、世俗的チャンネルから宗教的チャンネルへと流出する時代である。

歴史的な事例から説明してみよう。文明の末期症状を示す世界国家は、ローマ帝国の例にうかがえるように、外面的な平和の陰に、内面的な精神の枯渇《こかつ》をみることがしばしばある。帝国内の巨大な寺院や劇場建築の隆盛も、つきるところ国家の内面的行きづまりを隠蔽する虚飾にすぎず、またローマの市民権も、もはや納税の義務を意味するという、外面的な意味をになうにすぎなかった。

その存在は、かろうじて現状維持をはかる消極的なレヴェルのものにすぎず、未来をはぐくむような創造的な生命をそこにみることはできなかった。キリスト教会は、このような時代背景のなかで、一方では精神的な領域での指導者としてその内的整備につとめ、他方では蛮族の吸収をはじめとする文明の内外に重くのしかかる緊急にして重要な問題に対峙することになる。いわば「聖と俗」との二重の任務を遂行しながら、自からの運命の基礎をきずいていくことになる。

　このあいだの事情に関して、トインビーはつぎのように述べている。「キリスト教は大衆に訴えたが、これには三つの理由があった。つまりそれは、大衆をプロレタリアとしてではなく、魂をもつ人間として取りあつかったからであり、またかれらにたいするその配慮を示すにも、都市国家の自治政府も、世界国家たる帝国の政府も、これというほどの面倒をみていない、やもめや孤児、病人や老人の世話をするという実際的なやり方をしたからであり、しかもすべてこれらのことを行うにあたり、支持者をつのろうとする底意をもたず、キリスト教の理念の命ずるままに、私心を棄てて行ったからである」。また「キリスト教会が大衆の心をかちえたのは、それがどの競争相手の高度宗教よりも、また帝国もしくは市のいずれの政府当局よりも、大衆のためにつくしたからである」。

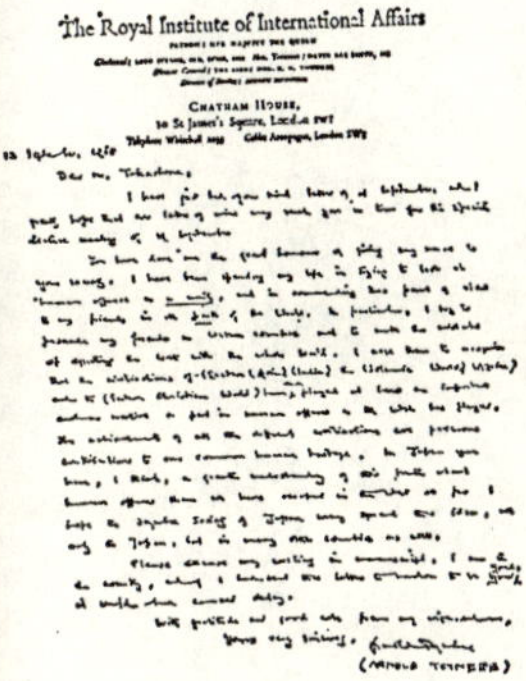
The Royal Institute of International Affairs
Chatham House,
10 St James's Square, London SW1

トインビーの自筆の手紙

　キリスト教会は、当時のすべての非特権階級、貧民、虐げられたものの心に訴え、彼らを同一平等な「キリストの民」として迎え入れたのである。また司教は、慈善事業と貧民救済の発起者となり、いわば当時の国家的事業を代行して、空洞化した文明の重みをささえていたのである。キリスト教会はまさに、文明の混迷と失望にたいして、新しい秩序と希望をあたえる唯一の存在だったといえる。この文明の移行過程における教会の役割は、きわめて重要である。

コルボーンはこの点について「いかなる宗教も、大衆の精神的なレヴェルまで引き下げられ、彼等の間に広められないうちは、なんらの重要性をもたない。大衆による宗教の受容は、新しい宗教が社会を衰退から救い、その再興を進行させるやり方の、死命を制する部分である」と指摘している。この第一期の活動を通じて、キリスト教会は、あらゆる民族を包含した世界的な「第三の種族」として、また「帝国内の帝国」として発展する基礎をかためるのである。

集団改宗の時代と修道院文化　つぎの第二期は「懐妊期」とよばれ、世界教会の活動領域の拡大が特徴とされる。歴史的には「集団改宗」の時代といえる。ギリシア・ローマ文明における、五世紀のフランク族のローマ－カトリックへの改宗や、古代中国文明における、四世紀のとくに北部での大乗仏教への改宗等は、その代表的事例である。これらの集団改宗を中心とする第二期は、第一期に感じられたような、創造性に富む、いわゆるドラマティックな躍動の姿をみることはできない。しかし、蛮族の侵入という時代の脅威と動揺をみる時代には、新しい独創に向かうより、現状を守るということで精一杯なのかもしれない。むしろ第一期の霊的遺産を死守し、行方不明にしないだけでも大きな業績であるとみるべきであろう。

さらにこの時期の「集団改宗」は、地理的に分散しながらも共通の信仰をもつという、文化的共同体を実現し、新しい文明が誕生する道を開くことになった。この点での歴史的意義は重要である。事実、蛮族征服者が原始的異教から、被征服民族の高度宗教に改宗することにより、その後の歴史に指導的な役割を演じた例はすくなくない。たとえば、ローマ＝カトリックに改宗したフランク族、大乗仏教に改宗したクシャン族・拓跋《たくばつ》族をはじめ、イスラム教（正統スンニ派）に改宗したセルジューク族・ムラビート族・ムワッヒド族、ヒンズー教に改宗したサカ族・白フン族・グルジャラ族等を、そうみることができよう。

最後の第三期は「分娩期」とよばれ、新しい文明形成における母体としての教会の役割が、特徴とされる。この時期はちょうど第一期の場合と反対の現象を生み、社会の創造的エネルギーが、宗教的チャンネルから世俗的チャンネルに流出する時代である。この時代の特徴をもっとも印象的に告げるものは、中世文化史上重要な地位をしめる「西洋修道院制度」である。

もともとこの修道院の起源は、三世紀末のオリエントにもとめられるものである。その本来の理念は、完全なキリスト者の体現を目ざして、世俗的なすべての営みや束縛を絶った禁欲的で反文化的なものであった。この修道院制度が四世紀の後半に西洋に導入され、とくに六世紀のベネディクトゥスによる修道院の創設、および「戒律」の編纂におよんで、オリエント的性格を脱皮する西洋修道院の基礎がきずかれることになる。すなわち東方修道院のように「神秘的な瞑想の生活」ではなく、「活動的生活」への転換をみるのである。さらに、ベネディクトゥスと同時代のカシオドールスによって、修道院と文化の結合という画期的な業績が果たされることになる。

いわゆる「修道院文化」の事例としては、カシオドールスのウイウァリウム修道院における文化活動や、七、八世紀のノーサンブリア文化、またこれらの地方的文化を基盤とし、ドーソンによって「自覚的な統一体としての西洋文化をつくった真のルネサンス」と評されるカロリング・ルネサンス等の名があげられる。ここに、もはや修道院の問題は、たんに宗教学の問題としてでなく、歴史の問題となって考察されるという特有の背景が成立する。修道院は、いまや教会を守りささえる中枢的存在としてだけでなく、すくなくとも一二世紀まで文化のにない手となり、その所在を示すものとして、西洋文明の形成に大きな貢献を果たすことになる。

具体的な事例をあげてみよう。まず経済面では、ベネディクトゥスの戒律は、労働を社会的な罪として軽視したギリシア的態度にかわり、労働を神聖視して意義づけることにより、その後の西洋経済の農業的基盤をきずいている。また「修道院の強奪が、近代資本主義の起源の一つである」といわれる土台をつくったシトー修道会の意義も重要である。一二世紀以降、文化の所在や性格は変化することになるが、広義に宗教の機能をとらえるならば、スコラ哲学の確立、大学の創設と育成、ゴシック美術の展開、地方文学の発展等、いわば文化面における新しい息吹にキリスト教の大きな影響を見ることができる。また政治面においては、「教皇制」が「キリスト教国家」という政治的形態に展開されることになる。ここに、目的および機能上からみて、対立的な関係に立つ教会と国家の統合が実現することになる。それは、後世に影響をのこす中世文化史上の創造的な業績とみることができよう。

しかし、西洋文明の形成におけるこのような宗教の機能が、すべての文明にあてはまるかといえば、かならずしもそうとはいえない事例に直面する。たとえば、正教ギリシア文明における正教キリスト教会や、中国文明における大乗仏教の関係がそうである。しかし事態を微視的にきわめていくと、正教ギリシア文明の分派であるロシア文明における正教キリスト教の役割、および中国文明の分派である朝鮮文明と日本文明における大乗仏教の役割は、やはり西洋文明におけるキリスト教の役割に準ずるものであることが認められよう。

トインビーの「文明表」

以上、「蛹としての教会」という前提から、文明の移行過程における三つの時期について、その特徴と意義をかいまみてきた。ところで、この第二の見解をしめくくるにあたり、トインビーは二つの疑問を提出する。すなわち、これまで興亡したすべての文明の親子関係に、「蛹としての教会」の役割が認められるのだろうか、またそのことが確認されたとしても、宗教の使命はそこにつきるのだろうか、ということである。

そこで、トインビーの「文明表」を細心の注意をはらって吟味すると、「蛹としての教会」の機能は、おもに第二代文明から現存の第三代文明への移行について認められる例外的なものであり、その全的適用は困難であることがわかる。たとえば、第一代文明から第二代文明への移行の場合、ミノア文明とギリシア・ローマ文明およびシリア文明の例のように、親子関係を保っていても、そこに蛹の役割を果たす教会の存在をみることはできない。また現存の五つの文明を調査しても、蛹としての教会を予想させる兆しはつかめそうもない。したがって、文明の移行や存続にとって、教会は必要不可欠なものとされるより、むしろ付随的、偶発的なものとしてとらえられるという結論に導かれる。このことは、宗教ないし教会の使命の本質について、これまでにない他の目的を予想させ、文明間の橋渡しとして奉仕するという消極的なものでないことを暗示する。そこでトインビーは、これまでとまったく異なった前提に立つ第三の見解に到達する。

文明にとっての宗教

独自の見解　これまでにみた教会の役割は、「癌」あるいは「蛹」としてとらえられたにしても、つきるところ文明が主役であり、文明自体の運命を基準にして考えられてきた。教会の役割は、たとえ有用なものとされても、第二義的で従属的な地位に甘んじるものであった。しかし第三の見解では、この役割が逆転する。今度は教会が主役となり、いわば文明が宗教におよぼす影響という観点から、歴史の考察と解釈がすすめられることになる。文明の目標と意義は、それ自身のなかにはなく、それをこえた次元、すなわち高度宗教の実現にあるとみる。ここに、他にないトインビー独自の見解がきずかれることになる。この見解をトインビーは「高次の種の社会としての教会」とよんでいる。

こころみに、トインビーの歴史研究は、「文明」という種を基礎として出発しているのであり、ここに主題と方法の根本的な転換がみられることになる。この文明にたいする教会の役割の大きな変貌は、どのような論拠によるものだろうか。トインビーの言葉を引用すれば「第二代の文明は、それ自身の目的をなしとげるためでなく、また第三代文明を生みだすためでもなく、完全な高度宗教が生まれる機会を準備するために生まれた」のである。また「第一代の文明は第二代の文明と異なり、高度宗教を直接生むことにより存在理由を示すことはできなかった。しかし、この失敗にもかかわらず、第一代の文明は、その挫折と解体を通して、完全な高度宗教をやがて身ごもる第二代の文明を生むことによって、間接的にその使命を果たした」ということになる。文明の歴史は、それ自身の目的を目ざす文明の成長期においてでなく、高度宗教の誕生という自己超越の目的にかかわる文明の解体期において、真の意義を見いだすといえよう。

この、やや逆説めいた表現の真意を、具体的な考察によってたしかめてみたい。それは、「世界国家」の位置と機能について再検討することになる。すなわち、世界国家は「目的であるのか、手段であるのか」という問題設定である。歴史的にみて世界国家は、ローマ帝国の面影に偲ばれるように、それ自体があたかも目的であり、永遠の存在であるかのような印象を一般にさそう。世界国家に根強くはびこる「不滅性の信仰」は、子文明が危急に際して親文明をよびもどすという「ルネサンス」現象において、典型的に見いだすことができよう。ギリシア・ローマ文明におけるローマ帝国の亡霊は、神聖ローマ帝国や東ローマ帝国の再興をうながし、また中国文明における秦・漢の帝国の亡霊は、隋、唐帝国の再興をうながした。しかし世界国家の文明史上の位置を見定めるとき、それは、文明挫折後の「動乱時代」に樹立されたものであり、ミリタリズムの精神に心を奪われた支配者階級の政治的所産にすぎないことが分かる。

それは、文明の解体過程における「後退と盛り返し」というあいつぐ律動の、とくに「顕著な盛り返し」の表現であるとみることができよう。したがって、世界国家の成立は、きわめて受動的で一時的な現象を示しているにすぎない。ちょうど、秋を隠蔽し冬の前兆をなす、小春日和に比喩されるものである。その本来の目的といえば、文明の解体に抵抗し、自己保存を執拗《しつよう》にはかるということである。かつその業績を通して、非意図的に創造者になる場合は、世界教会に奉仕するという皮肉な運命においてであった。そこに、いわゆる「目的としての世界国家」としてでなく、「手段としての世界国家」という機能が仮定されることになる。

世界国家と世界宗教

概して、世界国家の一般的特徴は、伝導性とともに、文明の内外に平和の心理を醸成することである。勿論、世界教会に対する世界国家の態度は、これまで一様に寛容で友好的であったと断定することはできない。しかし、多くの場合、この世界国家の平和的な環境を効果的に利用して、高度宗教は下から上へとひろまり、やがて世界教会を確立するのである。世界国家は、世界教会の苗床となって、その誕生と発展に寄与していることが歴史上ひろく認められる。たとえば、ローマ帝国におけるキリスト教、漢帝国における大乗仏教、アラブーカリフ帝国におけるイスラム教、グプタ帝国におけるヒンズー教などがその事例とされる。

他方、さらに細密な検討に立ち入れば、世界国家によって創案され、また維持された諸制度は、究極的に高度宗教の伝道や世界教会の組織に貢献することにより、かえって永続的な意義を加味されることが多い。世界国家の首都の場合も、その一例である。首都には、あらゆる国民、階層、諸宗派の信者が一堂にあつまり、組織も完備している。したがって、高度宗教の教説を世界化し、人類の改宗を目ざす伝道事業にのりだすためには、首都は格好の条件をそなえているといえよう。たとえば、ローマにおけるキリスト教や、洛陽・西安における大乗仏教の場合等が、その代表的なものである。バターフィルドも、この点について「ローマ帝国は、キリスト教の世界伝道を容易にするため、摂理によって定められたようなものである」と指摘している。いわゆる「ローマの平和」が、キリスト教の発展と拡大に寄与したというもので、この見解は、ひろく一般にみられるものである。

その他、世界国家で使用される公用語と公用文字も、同様の意味をもっている。たとえば、ローマ帝国の公用語であるラテン語とローマーカトリック教会との関係をはじめ、中国の秦・漢帝国と漢字の関係、グプタ帝国と新サンスクリット語との関係等をそうみることができよう。このように、世界国家が高度宗教および世界教会に奉仕する事例は、このほかにも交通路や法律等にわたって広範に認められるものである。

「歴史は神に移行する」

これまでに検証された「手段としての世界国家」という、文明の新しい機能と役割について、トインビーは「それ（文明）は地上における、生・死・生の『悲しみの輪廻《りんね》』の周期的回転によって、（宗教という）車の天国への上昇を促進することにあると述べる。すなわち、高度宗教を生みだす高い叡知は、アイスキュロスの「悩みを通し智はきたる」（『アガメムノン』一七七行）や新約聖書の「主は愛するものをしつけ、その息子として受けいれるすべてのものを笞うつ」（「ヘブライ人たちへの手紙」一二―六）という言葉に象徴されるように、人類の歴史と運命における深い精神的苦悩を自己の内に経験することによって、はじめて開示されるものである。

この展望において、第一代および第二代の文明は、「序曲としての文明」として、その存在が正統化される。しかし現存の第三代の文明については「退歩としての文明」として位置づけられており、存在の根拠に疑問が投じられることになる。なぜなら、文明の存在理由は、高度宗教への貢献度によってはかられるからである。この視点にもとづいて、これまで約六〇〇〇年の社会発展のリストを作成すれば、㈠未開社会、㈡第一代文明、㈢第二代文明、㈣高度宗教という図式が示されることになる。このリストは、たんに時間的・系統的な順序を示すだけでなく、質的な価値判断がふくまれているといえる。

このように、トインビーの第三の見解は、高度宗教を、未開社会や文明社会と区別する、独自かつ高次の種の社会として設定することになる。じつは、この最終的見解が「歴史は神に移行する」ことを表明するものとして、あまねく多くの批判を浴びたことは事実である。これらの批判についで、トインビーの意図と時代状況をよくただしながら生産的な論議を交すことは、歴史の本質的な意味をたしかめ、その行方を考える上でとくに重要であるといえよう。

現代宗教の課題

高度宗教の生きのこる道　これまで文明と宗教とのかかわりについて、主として歴史的な問題関心から分析し検証してきた。さいごに、トインビーは現代における宗教の課題をどのように考えているだろうか。現在、近代文明のかかげた世俗的な原理への懐疑のなかで、宗教的遺産の再解釈がほどこされている。また今後「距離の克服」による世界の一体化が進行するなかで、現存の高度宗教が遭遇する試練も大きいといえる。これらの背景のもとに、トインビーは、高度宗教がふたたび人心をつかみ、生きのこるための三つの条件を提示している。

第一は、高度宗教の和解と一致である。すなわち、高度宗教は、それぞれの伝統的な敵対心と競争心を抑制し、お互いに対する態度と行動を「愛と協力」に変えなければならない。この新たな和解への道は、究極的に、人間の原罪とも目される自己中心主義への挑戦でもある。キリスト教と大乗仏教は、とりもなおさず、その教義において「自己犠牲的な愛」を説くものであった。キリストは、「受肉と受難」によってその理想を自らの生活において実行し、範を示した。トインビーは、キリスト教の本質的要素を、聖書のつぎの言葉にみている。「キリストは神の身分でありながら、神と等しい者であることに固執しようとは思わず、かえって自分自身を無にして、僕《しもべ》の身分になり、人間と同じ者になられました。人間の一人として人々の目に映り、へりくだって、死に至るまで、それも十字架の死に至るまで従順でした」（フィリピの信徒への手紙、二―五～八）。すなわち、「悔い改めの謙遜」こそ、キリスト教の第一の美徳とされよう。

高度宗教の真の使命は、人間の悩みと罪の挑戦に対する「人間の霊の応答」を助けることである。その果《み》によって、優劣が判断されるべきであろう。教会の温存という自己目的に身をついやし、いたずらな分裂をつづけることは、宗教の原則に対する背信であり、目的の放棄につながる。たとえキリスト教への忠誠を誓い、他の宗教がわずかな真理しか有しないとみえても、かつてシンマクスののこしたつぎの言葉に耳をかたむけるべきであろう。「かくも大いなる神秘の核心は、一つの道のみをたどることによっては到達しえない」。

今日、全人類の遺産が一つになろうとしているとき、自己の信じる宗教だけでなく、他の宗教も真理のなんらかの諸相を啓示するものとして、理解する態度が肝要である。それは同時に、これまで敵対した人びとの関心と善意をかちとることにもなろう。今日、果たしてシンマクスの寛容の精神を代弁するものは、ヒンズー教徒であり、インド系の宗教であろうか、とトインビーは問いかけている。それは、キリスト教やユダヤ系宗教の精神的苦闘と自己超克に対する、トインビーの期待を伝えるものでもある。

広島で世界平和を訴えるヨハネ＝パウロ二世

「地上の平和」への努力

第二は、高度宗教の現代化と社会化である。すなわち、高度宗教は、今日の重要な問題に実際的な方法で参与しなければならない。核戦争の脅威のように、人類の存続が危ぶまれる革命的な新しい状況にあって、そこに生起する現実の課題に目を閉じ、無関心を装おうものであってはならない。その問題への対応と解決は、宗派的利害より優先すべきである。人間の真の自由と救済への道をひらき、地上の平和を実現することは、なんら高度宗教の精神的目的に背くものではない。むしろ、崇高な目的を達成する重要な手段である。高度宗教の試金石は、たんに真理を洞察し、教義を説くことだけに照準がおかれるのではない。人間がそれらの真理を心に体し、教えを実践するのを、いかに助けたかにかかっているといえる。人びとの是認と心服、あるいは献身を得るには、つねに言葉よりも、行動の方がはるかに重要である。キリストは「天国」を、仏陀は「涅槃《ねはん》」を目前にしながら、人類の解放のために苦悩を受諾し、その信仰告白をみずからの行動によって示している。

歴史的にみても、キリスト教はローマ帝国のなかで、文明の内外に重くのしかかる緊急にして重要な問題に真剣にとりくんだ。そして何よりも、大衆の救済のために、私心を捨てて献身的な努力を払った。いかなる宗教も、大衆による受容にまでいたらなければ、確固とした歴史的生命を得ることはできない。今日、既成宗教が、この条件を満たしているかは疑問とされる。

「神は万人の神」

第三は高度宗教の本質剝離《はくり》である。すなわち、高度宗教の長い歴史のうちに、本質を覆いかくすことになった付属物をとりのぞかねばならない。この操作は微妙であるが、高度宗教の移植にとって、もっとも重要な課題である。高度宗教は、超実在者への信仰とともに、歴史的な制度としての教会を保有している。教会の活動は、地域的、時間的環境との接触をさけることはできない。したがって、その歴史的収穫は、かならずしも純粋な穀粒だけではなかった。そこに高度宗教の複合性がある。たまたま付着した偶然的な要素も、ときには本質におとらず神聖視される事態を招いた。高度宗教の本質は、普遍性と世界性をもっているが、付属物は、その生まれた特定の文明にしか当てはまらない。したがって、高度宗教が他の文明に伝播する場合は、土着の様式に変容されねばならない。いわば、他の文明に「宗教」と「文明」を丸ごとおしこめるのは、土台無理だといわねばならない。

歴史的にみれば、シリア文明の産であるキリスト教は、ギリシア・ローマ文明との出会いのなかでヘレニズム化されることによって、はじめて土着化に成功した。いわゆる「ローマ－カトリック」として、国教の地位をしめるにいたった。ビザンツ文明では、「ギリシア正教」へと、文明の衣裳をかえざるをえなかった。キリスト教を、中国や日本の土壌に移しかえるためには、西洋的着色を土着の着色で塗りかえねばならない。文明は、それぞれ異質であり、独得の感受性や思考、また行動様式をもっている。その文明の基礎的なパターンと様式を無視することはできない。

この問題は、じつは一七世紀に、イエズス会とフランシスコ会およびドミニコ会とのあいだに、有名な「典礼論争」として展開された。イエズス会の宣教師たちは、中国の文明に接したとき、西洋文明とは異なった偉大な文明であることを感じとった。キリスト教を中国にひろめるためには、まず中国の伝統的な典礼を是認し、土着の様式との脈絡を保つことが必要だと考えた。このイエズス会による、キリスト教の本質を西洋的偶有性から区別しようとした試みは、多くの危険性をともなうとのヴァチカンの判断もあり、結局失敗に帰した。だがトインビーは、「先見の明のある正しい洞察と勇気をもった行動」として、今日的意義を説いている。

たしかに、現実には、高度宗教の本質的な核心から、そうでない外皮の層をとりのぞくことは困難な作業である。よほど気をつけないとたんなる折衷宗教となり、最悪の場合は自己喪失にもなりかねない。ヴァチカンの否定的判断も、その憂慮にあったといえよう。しかし高度宗教の目的と使命は、特定の民族と階級だけに向けられたものではない。「神は万人の神であり、愛なる神」である。高度宗教は、自己中心的な偏見や習俗をこえるところに、その本領があったはずである。「究極的実在との交わりと調和」という精神的理想は、できるだけ多くの人びとの心に分かちあたえられるべきである。歴史的にみても、メキシコの国民的信仰となったグアダルーペの聖母信仰は、キリスト教の本質剝離が実行可能なことを示している。この聖母マリアは、白色の聖母ではなく、インディオの褐色の肌をし、服装をまとっている。そのインディオ色が、インディオの親しみを増し、キリスト教に心をつなぐかけ橋となった。

現在世界が一体化され、諸宗教と文明の出会いが緊密になるなかで、既成宗教の「本質剝離」にたいする認識はまだ浅く、混同と逸脱がみられる。とくに、キリスト教やユダヤ教に巣食っているパリサイ主義を、どうふるい落とすことができるだろうか。この自己保存的な病いを癒すキリスト教徒の精神的苦闘が、世界史の新しい一章に希望の光を照らす鍵である、とトインビーはみている。

卓越した洞察

今後、現存の高度宗教が、これら三つの必須条件に向けて最善の努力をつくすとき、宗教はふたたび人類のかけがえのない遺産として迎え入れられ、本来のあるべき位置を回復することができるであろう。第二次大戦後における宗教界の動向をみれば、難題をかかえながらも、徐々にトインビーの条件を満たす新しい変化をみせているといえる。たとえば、一九七〇年に日本で第一回が開かれ、今年で第三回をかぞえる「世界宗教者平和会議」のように、諸宗教の代表者が一堂に集い、これまでの分裂と対立をこえた一致協力の姿勢をみることができるようになった。また、教会の内なる平和だけでなく、現代社会の挑戦にこたえる「外なる平和」の実現を目ざして、多くの実践的なプログラムが検討されはじめている。このような宗教界の新しい気運は、やがて文明の前途に豊かな結実をもたらすことになるかもしれない。文明は、やはりそれ自身の力だけでなく、「高度宗教の力に導かれることによって、はじめて自己を救うことができる」とするトインビーの確信が、ここに思いおこされる。

これまでみてきたトインビーの考察は、文明の歴史における宗教の意味と重要性について、巨視的な視座から解明しようとしたものである。その探究の基底には、混迷と危機に立つ現代において、文明の真の目標と救済の方途を見いだそうとするトインビーの熱い願望が秘められているといえる。勿論それは、唯一の真理を示すものではない。彼自身、その傲慢さを知的にも道徳的にも誤りであるとし、もっとも戒めている。その意味では、一つの高度な仮説にとどまるものである。しかし「文明と宗教」の根源的な意味とその課題を考える上で、学問的良心にかけて自己中心性の超克につとめたトインビーの卓越した洞察と示唆に、仰ぐところは大きいといえる。

Ⅳ　トインビーと日本

日本への関心

ヴィクトリア時代の幻想　トインビーは、外国の歴史学者のなかでも、とりわけ日本の歴史に深い興味と反応を示した一人であった。その日本観は、いずれも、世界史的な背景および理論との連関から究明される。すなわち、歴史研究の究極的単位である「文明」の比較研究という、巨視的な視点の設定から、日本文明の定位と可能性を問おうとしたものである。このトインビーにみる主題と方法的立場は、これまで著されてきた内外の多種多様な日本文化論のなかでも、数すくない試みの一つであり、かつ先駆的な位置をしめるものである。

まず、トインビーにとって、日本文明論を展開する上で、ある種の致命的な制約が自覚された。文明の研究、およびその比較研究において、研究者は当然のことながら、客観性と科学性の保持につとめなければならない。とくに、異文明についての考察には、自己を絶対基準とした独断と偏見をとりのぞく努力が必要である。いわば、自己抑制と自己超克の視点が要請される。しかし現実には、そこに大きな障害があることも否めない。日本人の立場においてみれば、直接自己自身にかかわることから、「自明性」の欠陥がともなうように、外国人の日本研究においては、外側の目と論理による恣意性と主観性がわざわいし、いわゆる「文化的誤解」を招きやすいといえる。

トインビー自身、晩年の『回想録』(一九六九)のなかで、歴史的環境における人間の偶然性とその影響を、自己の経験に照らして述懐している。すなわち、トインビーは、一八八九年にイギリスに生まれ、八歳のときヴィクトリア時代の絶頂期を象徴する「ダイヤモンドージュビリー」を迎えた。その折まだ幼少であったとはいえ、イギリス資本主義の世界的優越と、「世界の工房」として君臨するヴィクトリア時代の威信に、深い感銘を覚えたという。当時、イギリス人の多くは、「現在および過去の他の人びととは違う」との自負をもち、また西洋人は「文明人」であり、非西洋人は人間的な権利をもたないという意味で「原住民」であると判別するのが通例であった。その環境下で、よもやローマ帝国の没落の運命が、近代西洋文明に訪れようとは夢にも想像できなかった。

このような、トインビーの私的回想に認められるように、何人も自己の誕生した「時と所」は、その後の歴史意識および歴史観の形成にとって、決定的な影響をあたえるといえる。したがって、歴史をそれ自体において観察するためには、この狭隘《きょうあい》な地方的観点をこえ、世界的観点の水準に高める努力が必要である。とくに「世界の一体化」が現実となり、人類の歩みが共通の過去ないし未来として眺望できる今日、歴史的思考の停滞は謙虚に反省されねばならない。じつは歴史家としての成功の可否が、その自覚にかけられているといえる。

トインビーも、歴史の研究に際し、終始自己の「西洋的形式」に悩みながら、その克服に全精力を注いだといえる。一九一四年の第一次世界大戦の勃発は、まさにトインビーにとって、かつて自己をとらえ、全盛と安定を誇ったヴィクトリア時代の幻想をくだく革命的事件であった。世界情勢は、かつての面影をとどめないまでに変化し、とりわけ西洋文明の相対的地位は低下した。それはトインビーが、西洋中心史観を超克し、文明の比較研究という新しい世界史学を構想する転機をつくった。ここに、伝統的なヨーロッパの歴史家の眼とは本質的に異なる、あるいはその観念的思弁をこえたトインビー史学の命題が成立することになる。トインビーの歴史研究は、「ギリシア・ローマ文明」と「西洋文明」の比較を基軸として、やがてそれまで埋もれていた世界の諸文明にも光をあて、研究領域の拡大をみることになる。日本文明を考察するトインビーの動機の背景には、このような歴史意識の内的遍歴をみることができる。

「世界を揺るがす出来事」

つぎに、トインビーと日本との出会いをみるとき、その縁はことさら古く、また緊密なものがあったといえる。最初にトインビーが、日本への関心と知識をもったのは、一八九四年の日清戦争であった。当時わずか五歳のトインビーにとって、日清戦争は、戦火の過程で自覚されたはじめての国際的な事件であった。とくに、明治維新以来、急速に国力を充実させた日本の完璧な勝利は、幼いトインビーにとっても、強烈な印象をさそうものであった。そ

居間にて　日本からの贈物も飾られている

の戦争の情景と日本軍の威力を描写した「イラストレーテイドーロンドンーニューズ」は、当時の面影をとどめるものとして、長くトインビーの手元に保存されることになった。日清戦争の勝利は、日本の「近代化」の成功を一面において象徴するものである。その点で、日本はアジア諸国のなかでもきわめてユニークな存在である、とトインビーの目に映った。

その後、トインビーの関心をふたたび日本に向けさせたのは、一九〇四年の日露戦争であった。トインビーは、そのとき一五歳に成長し、ウィンチェスターのコレッジーオブーセントメアリー校に在学中であった。当時イギリスは、外交政策上、伝統的な孤立政策をすて、一九〇二年には「日英同盟」を締結している。したがってこの戦争は、対岸の火事として傍観するわけにはいかなかった。他面、日露戦争は、東アジアにおける国際的対立を背景にして行われたものであり、その世界史的重要性に目をとめないわけにはいかなかった。

当時の衝撃と緊張について、トインビーは次のように述懐している。「日露戦争勃発のニュースが入ると、私たちの先生は、私や他の生徒たちに、一週間ギリシア語とラテン語の勉強をやめるように命じました。この週は新聞に出ているニュースと地図を勉強し、それから戦略的、経済的に重要な地点を明示した戦争地帯の地図を、記憶によって描きなさい、と指示したわけです。このことは、当時すくなくとも一人のイギリス人教師が、この戦争は世界を揺るがす出来事であると認識したことを示しています」。このように当初におけるトインビーの日本への印象と認識は、二度の戦争に触発されたものであった。それは、多分に偶然の要素をはらむ受動的なものであり、また日本の近代化に照準をおく、政治的・軍事的動向にとどまるものであったといえる。

三つの現実的視点

その意味で、トインビーが自己の研究の内的必然性から、いわば自覚的、積極的に日本を考察の対象としたのは、一九二〇年代以降のことである。すなわち、トインビーは一九二一年から、主著『歴史の研究』の構想を立てており、同時に、王立国際問題研究所刊行の年報『国際問題大観』の執筆にあたっていた。トインビー史学の両翼となるこの二つの著作は、いずれも世界史の研究と洞察を背景としたものである。その一環として、日本史の研究は不可欠であった。とはいえ、ギリシア語をはじめ七ヵ国語を自由自在にこなす語学に堪能《たんのう》なトインビーも、日本語に関してはその限りでなかった。したがって、日本史に関する研究文献の多くは、英文の訳本によらざるを得なかった。その点、研究上の制約はまぬがれず、高度の専門性と厳密な実証性に欠けるうらみは消せなかった。

他面、トインビーの日本への関心を、現実的な視点にあわせるとき、個人的な親日感情のほかに、二、三の固有な理由を見いだすことができる。第一は、政治的要因である。すなわち、アメリカの外交政策は、第二次大戦後の冷戦を背景に、反共主義を基軸にしたものであった。対中国政策やヴェトナム戦争は、その典型的な事例である。トインビーは、アメリカの狂信的ともいえる

トインビー関係の雑誌

「反共十字軍」の聖戦意識を、政治的失政であるとともに、道徳的過誤であるとして批判する。この分析に照らして、戦後憲法第九条により戦争放棄を謳った日本の進路は、国際政治の上から特別な関心をあつめるものであった。

第二は、経済的要因である。戦後の英国経済は、不振をつづけ破局に瀕している。その原因の一つをトインビーは、国民の貪欲な物的享受にあるとして、道徳的欠陥を指摘する。この「病める英国」の姿は、戦後の西ドイツと日本の奇蹟的ともいえる経済復興と好対照をなすものであった。とりわけ貿易立国として同じ条件下にたつ日本の躍進は、注目をひくものであった。

第三は、宗教的要因である。トインビーは、正統派の英国国教会のクリスチャンとして教育を受けたが、晩年は、ユダヤ系宗教の道徳的、知的限界から、インド系宗教に傾斜している。このようなトインビーの宗教的履歴が、仏教とその土着化をみる日本に関心をよせる直接的な動機となったといえる。

近代化の意義と問題点

「カルタゴの運命」の轍

これまでにみた、トインビーの日本への関心と知識を検証する上で、三度にわたる日本訪問は重要であった。もともとトインビーは、厖大な『歴史の研究』の構想を立て、諸文明の比較研究におもむくとき、つとめて「現地」に行くことを実践した歴史家である。歩いて考え、その上で歴史を再構成する。そこに、異文明を同時代的にとらえる叡知と視界がひらかれると考えた。三度の訪日は、それぞれ短期間の滞在とはいえ、トインビー史学を背景とする密度の高い観察と分析がおりこめられている。

第一回の訪日は、一九二九(昭和四)年であり、四〇歳のときであった。それは、京都で開かれた「第三回太平洋問題調査会国際会議」に、イギリス代表団の一員として訪れたものである。このトインビーの最初の訪日に尽力したのは、王立国際問題研究所の創設者であり、かつ国際政治に関する著名な季刊誌「円卓会議」の主筆であったR・カーティスであった。彼はトインビーの生涯において、現実的および思想的に決定的な影響をあたえた一人である。トインビーは、当時新進の歴史学者であるとともに、国際政治学者としても活躍していた。とくに、現代の国際政治とその潮流を、「挑戦と応戦」といった世界史的背景と理論からとらえるトインビーの論評は、きわめて重要な方法と卓越した見識を示すものとして、定評があった。その素養は、すでに一九一九年のパリ講和会議に、イギリス代表団中東地域専門委員として出席していることからもうかがわれる。

ところで、「太平洋会議」の主題は、「満州問題」であった。当時の日本と中国の関係は、満州問題をめぐり、極度の緊張状態にあったといえる。中国にとって、日清戦争以来に生じた日本への資産譲渡問題、また日本の収益拡大を企図した「二一箇条の要求」等は、一八四〇年のアヘン戦争を起点とする一連の「屈辱の世紀」の一こまとして受けとめられた。それだけに、一般会議における日中両国代表団の対決と討論は、場内の参加者に手に汗を握らせる興奮をつのらせた。この間終始沈黙をまもったトインビーは、その後催された公開講演で、はじめて自分の見解を表明した。

すなわち、日中双方における相譲らぬ絶対主権国家の主義主張と、その国策として行使される戦争の危険性を指摘し、とくに日本が「カルタゴの運命」の轍《てつ》を踏まぬよう警告した。その含意は、つぎのようなものである。かつてフェニキア植民地の覇者であったカルタゴは、ローマを侵略し、一時占領したことがあった。しかしローマの真の実態を見抜けなかったために、自滅の道を余儀なくされ、歴史の地表より姿を消すことになった。日本の中国侵略についての運命がそこに予見される、というのであった。

事実、その二年後に満州事変が勃発し、その後日本は、国際連盟の脱退、太平洋戦争への進展および敗戦への道を歩むことになった。この歴史の軌道は、トインビーの警告をまさに裏づけるものであった。この一例にみるように、トインビーの国際情勢の分析と展望は、歴史上の文明興亡の理論を援用しながら導かれるものである。それだけに、日本の命運についての的確な把握と洞察があったといえる。同時にここには、武力侵略を手段として経済問題を解決しようとした日本軍国主義の非道が、きびしく糾弾されているといえよう。

なお、この最初の訪日の折、トインビーは、日本各地で急速に近代化していく光景にふれ、もはや日本が技術面で西洋諸国と肩をならべる「独得の離れわざ」を完了した点に注目している。そこにみる引例は、一九二九年の時点における日本の近代化の状況と特質をかいまみる意味で、興味深いものがある。他面、「太平洋会議」が開催される前に、トインビーは直接高野山におもむき、真言宗の総本山である金剛峰寺を訪れている。山門で巡礼のいきかう姿に接しながら、世界宗教の一つとしての仏教の源流を、身をもってたしかめている。そこには、すくなくとも「日本史への手引き」があると考えられた。宗教的な方位をもつトインビー史観の片鱗が、そこにうかがわれる。

また海路日本を訪れたトインビーは、はじめてみる日本の風景にもふれ、月光に照らされた瀬戸内海を、ディエス＝デル＝コラールが「日本の地中海」と比喩したように、世界でもっとも美しい景色の一つであると絶讃している。以上のような、第一回訪日における印象は、『中国への旅―見た事物』(一九三一) という、おそらくトインビーにとって最初の紀行文のなかにおさめられている。

『歴史の研究』と日本

第二回の訪日は、一九五六（昭和三一）年、六七歳のときでありヴェロニカ夫人を伴ってのことであった。ヴェロニカ夫人は、トインビーの共同研究者であり、よき助言者として同行したものである。訪日の目的は、『歴史の研究』の改訂にあり、研究の不備を実際に現地でおぎなうことにあった。すなわち『歴史の研究』は、一九三四年に最初の三巻が刊行された。それ以来二〇年間におよぶ時間的空白がある。そこで、あらためて新たな研究と知識を補充するとともに、その間によせられた数多くの批判に応えようとしたものである。

この旅行は、ロックフェラー財団の理解と援助のもとに実現し、トインビー夫妻にとっては、約一年半という「かつてしたことのある旅のうちでもっとも長い」旅につくことになる。日本へは、中南米、南太平洋、東南アジアをへて、一九五六年の一〇月から一一月にかけて立ちよったものである。その後中央アジア、中近東と世界の大半を周遊し、帰国の途についている。日本訪問の計画に関しては、かねてより人物交流企画の一つとして、トインビー招聘《しょうへい》を要請していた国際文化会館が推進し、実現をみたものである。トインビーも旅行に先立ち、日本訪問をことのほか期待していた。ところで、これまで刊行された『歴史の研究』（原著一～一〇巻、一九三四～五四）においては、たしかに、太平洋岸、とくに日本に関する記述が量的にも乏しく、また質的にも不十分であったといえる。トインビーが同書において底本として用いた日本史の関係文献は、マードックの『日本通史』（一九一〇）、サンソム『日本文化史』（一九三一）、姉崎正治『日本宗教史』（一九三〇）など、主として戦前の史書に負うものが多かった。それらの書が、日本通史のなかで「最良の書」との評を得ているものであっても、他面「戦争による中断」といった特殊な事情が介在したにせよ、おのずから限界があったといわねばならない。そこに当然日本の歴史家の根強い批判もよせられた。それだけに、トインビーも日本訪問に際しては、日本の専門家と十分な意見の交換を行い、その収穫を期待していた。日本側では、歓迎準備委員会を設置し、とくにトインビーの意向をくみいれ、日本史、東洋史、世界史のグループ別に討論を行うシンポジウムを企画した。

四つの質問　最初に催された日本史グループとのシンポジウムに、トインビーはあらかじめ質問を提示した。すなわち、つぎの四項目である。㈠中国文明の移入による古代国家の形成と、律令体制の解体について　㈡鎌倉仏教成立の社会的、経済的条件について　㈢織豊時代から徳川時代にかけての外国の圧力について　㈣江戸幕府解体の原因と明治維新について、である。これらの質問事項を一瞥して分かるように、トインビーの日本史に関する問題意識は、外来文明との出会い、およびその受容における文化変容の問題についてであった。すなわち、日本文明の成立と展開において、「中国化」と「西洋化」の波に、どのような対応を示したかにある。

そのような観点から、まずはじめに、日本文明の成立における中国文明の影響、とりわけ律令体制の確立と性格の問題がすえられることになる。そこでは、たんに、一伝播の問題や日本古代国家の盛衰史としてでなく、すくなくとも「東アジアの文明」の一こまとして、世界史的な枠組から追跡される。また鎌倉仏教への関心も、そこに貴族階級の旧仏教にかわる、日蓮宗、真宗、浄土宗などの民衆的な新興仏教への推移とともに、他面、天台宗、真言宗などの中国的仏教にかわる日本的な仏教に注目してのことである。ここでは、上代から中世への階層的な社会変革と土着化の問題が、並行してとらえられているといえる。さらに、戦国時代の信長、秀吉、家康三代にわたる国家統一事業とその成就は、トインビーにとって、西洋文明との出会いと圧力関係の構図においてとらえられる。すなわち、文明形成の鍵となる「挑戦と応戦」の理論を基礎にして追究されるものである。

最後の質問である、江戸幕藩体制の崩壊と明治維新は、トインビーがもっとも関心をよせた時代と問題であった。いわゆる西洋文明の流入にたいする日本文明の反応と、その歴史的明暗が、ここで吟味されることになる。この日本における「西洋問題」は、古典的な事例の、シリア文明における「ギリシア問題」に並行する問題である。そこに象徴されるようなヘロデ主義（開国派）とゼロト主義（国粋派）の問題が、日本文明へ適用される。

すなわち、徳川幕府は鎖国をしき、一連の徹底した凍結政策を行った。その規制は、西洋との関係を断つだけでなく、国内的に個人の思想や信仰生活にまでおよぶものであった。しかし徳川幕府の企ては、一八五三年のペリー提督の艦隊が現れる二世代前に、すでに内部的に失敗をみることになる。この事例は、歴史上の「世界国家」が共通して経験したように、歴史の流れを人為的に固定化し、人間生活と精神を強制することのむずかしさを告げている。この徳川幕府の鎖国は、一八六八年の明治維新により、一応平和裡にその禁を解き、近代世界へ大きな脱皮をとげた。明治維新は、西洋文明の挑戦にたいする日本文明の最初の応戦であり、ヘロデ主義の勝利を示すものであった。そこには、西洋化の主導的精神が、近代西洋の科学思想に由来するだけに問題性がないわけではない。しかしすくなくとも、歴史的必然の変革にたいする指導者の聡明な歴史的洞察があったはずである。このきわめて困難な離れ業の遂行を、トインビーは「日本の奇蹟」とよび、将来の世界政府への教訓として、その歴史的な意義に目をとめている。

世界史的な日本史研究　勿論、これまで素描してきたトインビーの日本史観が、すべての点で日本史家の承認を得たわけではない。そこに反論と批判の余地があることは否めない。端的にいって、徳川幕府による統一体制を、いきおいローマ帝国の世界国家と同一視し、類比することは問題があろう。なぜなら世界国家の概念が主観性によるものとしても、その版図と文化的自立性において、徳川幕府の質的劣勢は隠しがたい事実である。こころみに、ローマ帝国のみならず、インド文明のマウリア帝国やグプタ帝国、あるいは古代中国文明の秦・漢帝国と比較すれば、その差は一目瞭然である。

また文明の段階論の視点から、日本文明の成長段階を平安朝までにとどめ、鎌倉時代以降を解体過程としてとらえるのは、無謀であるとの感をいだかせるであろう。なぜなら日本の社会史や文化史の通念では、鎌倉時代こそ、独創的な文化をきずき、新しい発展をとげた時代であると考えられているからである。その他にも、国家統一の原理を、外来文明の挑戦と圧力に求めることは、大化の改新や明治維新はともかく、戦国時代にまでその範囲を広げるのは実証的に無理があるといえる。この二、三の検証によっても、トインビーの日本史観にみる弱点と欠陥を指摘することができる。

もっとも、これらの点についてトインビー自身も再考し、「徳川幕府は、世界国家をめざして失敗した企てである」という修正をほどこしている。さらに世界国家の評価についても、「解体に瀕した文明の記念物」といった否定的見解から、未来の世界国家については、高度宗教の発芽と成長をうながす基盤としており、肯定的にとらえ直している。しかし基本的にみて、日本史を世界史との関連と枠組からときおこす問題意識と方法は、今後の日本史研究の課題として、きわめて重要であるといえる。その意味で、「世界史的な日本史研究」を試みたトインビーの斬新な問題提起と貢献を、見落とすことはできない。

また二回目のトインビーの滞在中には、当初の予定をこえて、国内各地の大学等で、多くの講演会がもたれた。なかでも、その最終講演である「世界史における日本」は、直接日本を主題にかかげたものであり、さらにトインビー史学の真髄をつたえるものとして、多大な感動をよぶものであった。トインビーは、そこで、日本文明史の特徴と外来文明への対応の様相を分析することから、「近代化」の意義と問題点を浮き彫りにする。

平和への新たな使命

たしかに日本は、明治以降、先行のロシアをはるかにしのぐスピードで近代化の推進をはかり、西洋列強に対抗して植民地への転落を避けることができた。非西洋文明、とりわけアジア諸国のなかで、日本が自立性とその可能性を実証した歴史的意義は大きいといえる。しかし日本の近代化は、一八九四年の日清戦争以来、軍国主義と国家主義の正当化を主軸として形成されたものであった。今日、日本は、歴史的に前例のない軍事的、政治的敗北を機会に、その非に根本的な反省をくわえなければならない。第二次世界大戦で敗戦し、とくに史上初めて原爆を体験した日本こそ、人類に平和への新たな精神的使命を告げ、その基盤をさずけることができる。

トインビーは、このように、現代史の危機における日本の世界史的役割を力説した。この講演は、歴史的にはじめて敗戦の苦渋をなめ、精神的空洞状態にあった日本人にとって、勇気と自信を深め、まさに心の光明を得るものであった。そこには、自己の歴史的、客観的位置を明確に見さだめ、その方位と役割を自覚する知的源泉があったといえる。

その他、この講演と前後して「日本とアジアの将来」という日本の識者との座談会がもたれた。ここでは主として、世界国家の形成を照準に、日本とアジアの関係と課題が述べられている。すなわち、第二次大戦後、植民地状態からの脱却を目ざすアジアーナショナリズムの急進性と危険性について、日本は近代日本百年の国家体験から、その克服の道を示すべきである。国家主義をこえる「世界政府」への道程において、アジアと世界に範を示す日本の先駆的役割は大きいものがある。このトインビーの提言は、当時日ソ国交回復や国際連合の加入を間近にし、新しい国際復帰をはかる日本にとって、一つの国家指針を得るものであった。同時にそこに言及された日本の伝統と近代化の問題は、近代化の独走による伝統の喪失と破壊を憂慮したものであり、日本の宗教や伝統的叡知の再生を期待したものであった。

以上の二度目の訪日における旅行記は、『東から西へ』(一九五八)のなかに収録されている。この書の副題は、「世界一周旅行記」である。したがって叙述が全行程におよぶために、日本について割かれているページはすくない。しかしそのなかでとくに、日本の宗教界の動向について、トインビー独自の分析と診断を下している点が注目される。ここでは、日本古来の神道をはじめ、仏教、儒教、キリスト教、さらに新興宗教にも目が向けられる。なかでも、農業的、政治的形式に呪縛された神道についての否定的見解は、その後における評価の推移を見まもる上で興味深いものがある。また滞在中北海道を訪れ、近代化との関連から、伝統的な文化と様式から独立した北海道を「未来の日本」として描いている点は、いかにもトインビーらしい着眼であるといえる。

世界の未来と日本

二つの講演

三度目の訪日は、一九六七(昭和四二)年、京都産業大学の招聘によるものであった。この折は、トインビーもすでに七八歳の高齢であり、健康状態を考慮して、当初から予定されていた公の講演は二回にかぎられた。そのほかは、時折新聞社の座談会や対談にのぞむ程度で、あとは休養にあてたものであった。ここでの講演の一つは、「世界の未来像と文化」と題され、他の一つは、「人口の都市集中化における問題点とその対策」であった。両者とも、現代における危機の諸相と本質を解明しようとしたものである。そこには、人類史の将来に真摯な思索をめぐらす、晩年におけるトインビーの姿をみることができる。

まず前者の講演「世界の未来像と文化」は、世界史的背景から現代の文化的特質をとらえたものである。トインビーは、現代における危機の本質を、科学技術の進歩と人間の道徳性の停滞にみる不均衡にあると考えている。いわゆる「モラリティーギャップ」の問題である。

たとえば、科学技術の分野では、さだかな時点をとっても、過去三〇〇年において、加速度的な進歩をとげてきた。それにひきかえ、人間の道徳的進歩は、かりに高度宗教の萌芽をみるヤスパー

『歴史の研究』の邦訳事業に尽力した松永安左衛門氏とトインビー夫妻(1967年)

スの「枢軸時代」(B. C. 800～200)を始点としても、一進一退、ときには大きく後退すらしている。この間、人類は科学を技術に適用し、自然を支配することに偉大な成功をおさめたが、反面未開社会より文明社会の方が道徳的にすぐれているといえるかは疑問である。原子力の発明と核兵器への悪用は、その象徴的な事例である。さらに自由主義と共産主義とのイデオロギー対立、人種差別、オートメーション化による人間疎外等、人類史につきそう陰影は連綿として地上から消え失せることがない。

このような世界の危機および人間の堕落と分裂をみる状況では、人生の真の目標と意義を問い直し、自己をこえる「絶対的実在」に心をつなぐ瞑想能力が、なによりも重要である。いわゆるティヤール＝ド＝シャルダンのいう「精神圏」こそ、真の意味における人生の充実と創造と歓喜を約束するものである。仏陀やキリストといった高度宗教の始祖たちが説いた道も、ここにあった。この点、科学もイデオロギーも、語るべき言葉をもたない。合理的思惟と科学技術に色どられた西洋文明が、いまやその能力を喪失しているとすれば、世界のどの文明に希望の光をあおぐことができるか、としてトインビーは講演を結んでいる。ここには、危機に立つ現代文明の救済にかんする形而上史学的な洞察があり、またその福音を告げるものとして、アジアの文明への期待が語られているといえる。

都市問題の重要性

後者の講演「人口の都市集中化における問題点とその対策」は、いわばその補足として、具体的な究明をはかったものである。すなわち、都市問題は、今後の人類史にとって重要な挑戦の一つである。日本は、オーストラリアとともに、その先駆的な様相を呈している。そこには、人口の都市集中をはじめとする問題点と対策への貴重な手がかりがある、とトインビーは考えた。

一見このテーマは、きわめて現実に密着したものであるだけに、主催者にとっても予想外のことであり、また聴衆の意表を衝くものであった。しかし、都市問題の世界的な重要性と緊急性を知り、他面トインビーがかねてより都市問題の研究に造詣が深いことを勘案すれば、おのずと了解されるテーマであった。もっとも、トインビーは、『歴史の研究』(再考察、一九六一)において、世界的な都市化の動向を、地方国家から将来の世界国家への推移として、またディアスポラ(亡命離散民)との関連から、いち早く注目していたといえる。

ところで、この講演でトインビーは、まず都市の形成と機能を歴史的にあとづけながら、現代都市の動向と問題点を提示する。人間の歴史を通じて、元来都市は、広大な田園に囲まれた小規模なものであった。それだけに密接な共同体であった。ところが、一八世紀の産業革命を機に、都市と農村の関係が逆転をみる。それ以降大都市が登場し、親密な共同体的生活が失われることになった。現代都市の癒しがたい病根がそこにあるといえる。今日の「巨大都市」から、将来の「世界都市」への道程には、人口、食糧、交通問題等の多くの不安と緊張がうずまいている。その未来都市の死相とともに、再生の道について、トインビーは、「都市の小区域分割」等の積極的なプランを提案する。

勿論、ここで具体的な対策のモデルとして登場するブラジリア、カラチ、ヴェニス等の、いわば比較的後進的ないし小都市の条件で、先進国の大都市を分析し、その救済法を発見することに疑問がないわけではない。しかし、今日の「都市革命」を、人類史的な視圏から眺望してその見通しをはかり、また日本人に不慣れな「共同体理論」を提起した点は、やはり目を見張らせるものがある。

「自然と人間の調和」

以上の二つの講演を終えたあと、トインビーは、とくに私的に懇請していた、白浜の京大臨海実験所および近畿大学のハマチ養殖場を視察した。ちなみに、世界の将来を考えるとき、今世紀末に七〇億人に達すると予測される「人口爆発」は、当然深刻な食糧問題を予想させる。この身近にしのびよる「人類の飢え」を克服するために、食糧資源の研究と開発は不可欠であるといえる。トインビーの関心もここにあった。トインビーは歴史的に農業と漁業の生産段階を比較し、いまだに採集段階にある漁業の後進性を分析する。しかし陸上の開発に限界がある以上、つぎは無限な宝庫である海洋資源の計画的な開発が着手されねばならない。今日、原子力開発や宇宙開発とならぶ「海洋開発」の意義がそこにあるといえる。

この観点からみて、日本はすでに食用海藻の栽培や魚介類の人工養殖を行っている。トインビーは、この偉業を「陸上の産業革命」になぞらえ、日本の開拓的位置と成果を高く評価している。もっとも、この見解が一九六一年の『歴史の研究』で示唆されていることを確認するとき、トインビーの巨視的な分析とともに、その先見性に驚かざるを得ない。

このような特定の視察をのぞいて、他の時間は、つとめて多くの社寺や史跡をみることについやされた。トインビーの仏教芸術への興味、および宗教、道徳への関心は、晩年とみに高まっているといえる。奈良の興福寺をはじめ、高野山、春日大社、東大寺、法隆寺、薬師寺と連日精力的な日課をこなし、最後に訪れたのが伊勢神宮であった。トインビーにとって、伊勢神宮に代表される神道が、戦後の変化を経て日本人の精神史にどのような影響をあたえ、かつ今日に存続されているかは、ひときわ興味深い問題であった。正式の賓客として迎えられたトインビーは、訪問者の記帳簿に毛筆で一文を書きとめた。それは「この神聖な場所で、私はあらゆる宗教の根本にあるものを感じた」という文章である。

もっともその本意を解するにはデリケートな面があろう。基本的には、世界宗教史上における神道の特質を踏まえ、そこに「絶対的実在」との交わりという、高度宗教の普遍的な使命や信仰行為の原初形態を認めた、と解されるべきであろう。勿論、現実的な要請である「脱工業化」という視点に立つとき、いわば公的な次元から、その思想的基盤としての神道の機能と意義を、トインビーは高く評価しているといえる。すなわち「自然と人間の調和」を説く神道は、「人間の自然支配」を目ざすユダヤ教的自然観にかわるものとして、再評価されることになる。このことからも、人類の危機を救済する叡知としてトインビーは、道教、仏教をはじめとする東アジアの宗教に大きな望みをかけているといえる。

日本文化の観察

なお、三度目の訪問における旅行記は、「日本の印象」(毎日新聞、一九六八年三月二二日~四月一六日)として、長期にわたって連載された。この寄稿文には、これまでの三度の訪日における意味と変遷が回想され、日本文化への観察と評価が多面的な角度から紹介されている。一例をとれば、日本文明の独創性と創造性を、造船工学、海洋開発、神道に例をとりながら語り、また日本人の美徳を、日常生活のマナーに目をとめながら賞讃している。そこには、有体にいって、トインビーの善意による過大評価と思われる節もないではない。しかしややもすれば、これまでの日本文化論においては、外来文明の受容性と模倣性が強弁され、無批判な劣等意識が醸成されてきたともいえる。他方、スペンサーやロウウェルの「日本社会後進観」や「日本社会停滞論」を思いうかべるとき、トインビーの理解は、バランスをもった新しい評価への刺激ないし布石として重要である。

この他、現代日本の遭遇する内外の主要な問題について、トインビーは、独自の見地からいくつかの診断を下している。憲法問題もその一つである。とくに、「戦争放棄、戦力不保持」を規定した日本国憲法第九条について、その世界史的意義を強調する。すなわち、いまや核兵器の開発と使用によって、戦争の前提条件や性格が根本的に変化した。現状では戦争の破壊性と非人間性は極限に達しており、その行使は、人類を絶滅に導く重大な犯罪である。このような情勢の本質的変化に遭遇して、日本は、「戦争によって事態を解決する」という強国の伝統的な権利と手法を自発的に放棄した。それは、現代の歴史的挑戦への聡明な応戦を示した英断であり、人類の未来への希望を告げるものである、とトインビーは述べる。

勿論今日、日本でも憲法の成立過程や解釈をめぐって、多様な論議が交されている。また第二次世界大戦後、いわゆる「宣戦布告なき戦争」が現に世界の各地で多発していることも事実である。これらの現実の動向は、無視できない。しかし、憲法第九条の理念ないしトインビーの評価は、現況のような政治的対立の次元をこえ、人類の新たな歴史的運命と課題という巨視的な観点から究明される必要があろう。すなわち、将来「戦争なき社会」を目標とする世界政府の樹立を想定するとき、トインビーの発言はもっとも自然にうけ入れられ、また現実的説得性と意義をもつものと考えられる。この憲法問題のほか、日本の都市化に関連した「公害問題」の指摘、および「中国問題」の重要性等、トインビーの観察は、いずれも一般の認識に先行し、新たな開眼に導くものであったといえる。

アジアの精神的遺産

これまで、トインビーの三度の訪日の足跡をたどりながら、そこに『歴史の研究』をはじめとする著作との関連をおりこみ、トインビーの日本観を概観してきた。そこには、世界史的な文脈から、日本文明の位置づけと可能性に対する解明が試みられているといえる。その問題意識の根底には、内的、精神原理を欠いた近代文明への根源的な批判がみられる。他面、人類の運命を託すアジアの精神的遺産への期待があるといえる。

勿論それは、西洋をこえる意味での世界史の開示ということであり、西洋文明が過去のなかに葬り去られることを意味しない。トインビーの意図をみても、『歴史の研究』の執筆は、ここ数世紀来西洋文明が世界に覇を唱える異常性を、非西洋文明との平等に立つ「ノーマルな関係」に復帰させることにあった。すくなくとも、人類史における非西洋文明の存在理由と貢献を、「西洋の少教派」に啓蒙することを使命としたものであった。この点、やや逆説めくトインビーの言動をもってすれば、その当初の期待と予想に反して、非西洋文明、とりわけ日本にもっとも多くの読者を得ることになった。そこで最後に、トインビーの日本における受容と反響、および今後の研究課題について若干言及することとしたい。

日本におけるトインビー　まずトインビーの論文や著作が、日本に紹介されるようになったのは戦後であり、昭和二〇年代の半ばからである。その頃といえば、戦時中の陰惨な文化的鎖国状態から解放され、西洋の学界や知的動向のみずみずしい情報が、堰《せき》を切ったように押しよせてきていた頃といえる。なかでもトインビーの主著『歴史の研究』は、一風毛色のかわった歴史哲学の書として、前評判の高いものであった。それは、つねづね「歴史哲学」という語感から予想される哲学的抽象性というより、歴史的具体性に裏うちされたものとして、斬新《ざんしん》であった。また、歴史学の伝統的な理論や叙述のスタイルにくみしないものとして、津々《しんしん》たる興味をさそうものであった。

一九五七年には、サマヴェルによる『歴史の研究』縮冊版が、イギリスおよびアメリカ両国の優良図書として、GHQの第一回翻訳許可書のリストに入り、蠟山政道氏他二名の共訳によって、はじめて世に送りだされている。同書は、一九四六年にアメリカで刊行されてベストセラーとなり、トインビーの名を一躍世界にひろめたものである。同年に『試練に立つ文明』（深瀬基寛訳）、翌年の一九五八年に『世界と西欧』（吉田健一訳）があいついで翻訳されている。トインビーの思想に親しみ、内容をきわめるための基礎文献が、ここにほどよくそろって公刊されたといえよう。

その後のトインビーの多くの著作も、ごく一部のものをのぞいて大半が訳出されている。一時スペインでも手がけられたとされるが、まだ今日世界的に類例をみない『歴史の研究』の完訳（全二五巻）も、すでに日本では一九七二年に完結をみている。同書は、これもトインビーの著書である『未来を生きる』とともに、その年の「日本翻訳出版文化賞」を受賞した。最近では、この『歴史の研究』（全一二巻）の改訂縮冊版として、最新のトインビーの見解を示した『図説・歴史の研究』（桑原武夫他訳、一九七五）、およびこれまでの人類史の鳥瞰図ともいえる遺作『人類と母なる大地』（山口光朔訳、一九七八）も、刊行の運びとなった。一方、世界的な大事件や記念すべき出来事があった場合には、ジャーナリズムはきまってトインビーに意見をもとめるのが習わしであった。トインビーのなじみの深い「オブザーヴァー」紙はもとより、日本、アメリカの大新聞に共通してそういえる。現代の危機にたいする彼独得の文明論的な分析と展望、未来への深い洞察は、ジャーナリズムのみならず、専門畑の国際政治学者の間でも定評のあるところであった。ここにトインビーの一般民衆にたいする大きな影響力をみることができる。

さらに、日本にかかわりをもつ最近の著作としては、新聞史上画期的ともいえる、九七回の長期にわたって連載されたトインビーと若泉敬氏の対話（毎日新聞、一九七〇年八月二四日～一二月二〇日）が、『未来を生きる』（毎日新聞社外信部訳、一九七一）として刊行されている。「若い世代への遺言」と

若泉敬氏と対談する

して現代における断絶を中心のテーマにしたこの対話は、多くの人びとの心を魅了し、大きな反響をよぶところとなった。また日本を直接の主題にかかげ、今後の指標を説いた『日本の活路』（一九七四）、および池田大作氏との対話をおさめた『二十一世紀への対話』（一九七五）も刊行をみている。このような、多くの著作の邦訳や彼自身の訪日は、日本におけるトインビーへの親近感と盛名の素地をきずくものであった。

一方、日本における学界の反響も、トインビーの著作が厖大なだけに、ひとり歴史の専門家だけでなく、広範な分野におよんでいる。その論究も、歴史観、宗教観、国際政治論から人となりの紹介まで、まことに多彩である。こころみに、日本におけるトインビー思想の受容をあとづければ、トインビー自身の著作・論文と、トインビーの紹介・研究文献をあわせ、これまで二〇〇編近くを数えている。トインビーにたいする関心は、日本においても、年ごとにふくらみをましているといえよう。

日本文明論の課題

しかし、この現況に、自省の念をもって少々の難点を指摘すれば、これまでトインビーの主要な著作がほとんど翻訳され、またトインビーに関する論文が著されながら、その多くが紹介や解説の域にとどまっていることである。日本におけるトインビー研究および比較文明論の草分け的存在である山本新氏のように、著者自身の主体的な思考とトインビーをつきあわせ、ときには、自ら未開拓の領域に踏みこんで、トインビーの理論的行きづまりに新しい道をきり開くような、意欲的な研究がやはりすくないといえる。今後トインビーの思想や歴史観、ひいては、一九二〇年代にシュペングラーによって確立され、A・ウェーバー、A・クローバー、P・バグビーへと継承される文明論的な問題認識の方法が、より深くたしかなものとして日本の土壌に根づくための課題が、そこにあるといえる。

トインビー研究の
開拓者山本新氏

この文明論的地平から、トインビーの日本観をおぎなうとき、P・バグビーが『文化と歴史』(一九五八)のなかで提唱した「周辺文明」の概念は、きわめて重要である。それは、トインビーの「文明表」における文明の設定ないし区分の主観性と恣意性の欠陥を衝き、かつトインビーをして「衛星文明」という新しい概念を生みだす誘い水となった。いわば、文明論内の対話と内在批判を通して、世界史上の文明が、より包括的に網羅され、また価値と重要性に応じる精密な分析を経て種別化されることになった。

ここで日本文明は、「周辺文明」として設定されることになる。周辺文明とは、独立的な「大文明」への依存性を一般的な性格とする。日本文明に関していえば、その誕生において中国文明を、また近代化の推進において西洋文明をそれぞれ母胎として、成長を遂げてきたといえよう。今後、日本文明の成立と特質を把握し、その世界史的な位置づけをはかるためには、このような大文明との比較とともに、同レヴェルに立つ周辺文明との比較という二つの軸の設定が必要である。すなわち、中国文明や西洋文明との比較に終わるのではなく、東アジアでは、朝鮮文明やヴェトナム文明との比較が洩れてはならない。さらに周辺文明の独立という、文明の飛翔と高次の可能性については、ロシア文明との比較が、もっとも有効で示唆に富むであろう。このような文明論的仮設と比較史的方法から、どのような豊かな実証と思索を導きだすかに、日本文明論の基本的な課題があるといえる。

あとがき――トインビーとわたくし

かねがね人間の出会いは、創造と飛躍に富むものでありたいと心ひそかに念じている。トインビーとの出会いは、その私的な願いを満たす豊かな源泉であった。わたくしにとってトインビーは、世界史の広大な思索へ旅立つ上での良き案内人であり、人生の深淵な意味を学ぶ上での偉大な師であった。

わたくしがトインビーの名と著作をはじめて知ったのは、一九五七年の夏のことである。大学に入学して間もない一年次の夏期休暇の課題として、一読するようにすすめられた数冊の本のなかに、トインビーの『歴史の教訓』(一九五六)があった。その推薦者は、経済学の大熊信行教授である。自ら専門分野をこえて広い問題関心に立ち、また学生たちに、狭い視野に陥ることがないように、新しい息吹の吸収を説いた氏の面影は、トインビーの学風に一脈通じるものがあった。

その後、自覚的な意味でトインビーに魅せられ、その門をたたくようになったのは、大学後半の三・四年次のゼミにおいてである。指導教授の山本新教授との出会いは、まさに運命的であったといわねばならない。師の鋭い知的挑戦は、わたくしのあやふやな思考と存在を根底からゆるがし、その後の知的命運を大きく決定するものとなった。山本先生は、トインビーの壮大な思想と歴史観の継承とともに、日本文明とのかかわりを問い、つねに全体としての発展と拡充に意をもちいられた。いわばトインビーと主体的に格闘しながら、新しい学問としての比較文明論への道をひらき、定着への礎石をきずいてこられたといえる。

山本先生の独創的な思索と豊饒な学的成果は、後学のわたくしたちにとって、まさに「創造と飛躍」の教訓を秘めたものであった。それはまた、日本の知識人にみられるヨーロッパ思想の安易な模倣と借用にたいする警鐘とも受けとめられた。「トインビーをどう学び、どう継ぐか」という研究上の基本的な姿勢と方位について、世界的なレヴェルに立つ山本先生の身近な指導を受けたことは、無上の幸運であったといわねばならない。

やがて、トインビーへの視圏を拡大し、その母体をなす歴史学の土壌に足を踏み入れたのは、大学院で鈴木成高教授に師事したときである。トインビーは、「二〇世紀最大の歴史家」として多くの人びとの関心と期待をあつめながらも、専門史家の無理解と批判にはまだ根づよいものがある。それは、多分に「真に問題性をもつ、非正統的な歴史家」の宿命なのであろう。鈴木先生は、今日の歴史学がおちこんだ病弊ともいえる「歴史における生の喪失」を深く憂慮され、二〇世紀史学の固有な課題と方向から、トインビー史学が登場する必然性と意義を説かれた。鈴木先生の聡明な理解と好意的な評価は、歴史学の厚い壁に悩まされたわたくしの前途に、新たな希望と勇気をつのらせるものであった。

このような「トインビー遍歴」をたどりながら、しだいにわたくし自身もトインビーに深入りすることになり、研究者として末席を汚すことになった。大学の研究所に開設された「トインビー研究」のゼミは、すでに一〇余年の年輪を数える。遅々とした歩みではあったが、たんにトインビーの生涯と思索に追随するのでなく、できるだけ自分なりの問題把握と展開に意を注いだつもりである。その間、基本的に重要なテーマは、再考をほどこして研究所の「紀要」や他の一連の単行本にまとめることとした。たとえ貧しくとも、本を著すことは、自己の問題意識の社会化であり歴史化である。それだけに緊張が高まるのを禁じえなかった。他方では、安易な独断と自己満足への自戒をこめて、学会での発表につとめ、学的吟味に耐える骨格の形成に微力を傾けた。これらの相互の営みが一つの生命となって、わたくしのトインビー研究の素地を形づくることになった。

しかし、まだ不可避の困難な問題がたちふさがっていた。わたしなりのトインビー理解を、どう一般の人びととの要求や社会の現実にかみ合わせるかという問題である。歴史の探究は、つきるところ自己の主体的な意思に結びついた実践的な課題を負うことによって深化されるものであろう。その意味でわたくしのトインビー研究は、二つの実践活動に導かれ、支えられることになった。その一つは、「カトリック教育新聞」で毎月の論壇時評を担当したことである。国際政治の権威でもあるトインビーの歴史的洞察に目をくばりながら、現実の国際問題について分析と論評をくわえる機会は、

「生きた歴史」を会得する知的試練として重要であった。

他の一つは、一九六八年に創設された「トインビー・市民の会」に、山本新先生とともに参加したことである。トインビーの祝福をうけ、トインビー思想の普及を目的としたこの会は、今日一五年にわたる活動をつづけている。わたくし自身も、あるときはブリティシューカウンシルでのゼミのチューターとして、また他の折には、国立教育会館での講演会や公開講座の講師として足繁く出向くことになった。さらに会の機関誌「現代とトインビー」の編集責任をつとめた際には、トインビーに関心をいだく政界や財界の代表者にインタビューのマイクを向けたこともあった。片山哲元首相をはじめ、西春彦、永井道雄、田代茂樹、池田芳蔵、千葉雄次郎といった諸氏が、トインビーを語る暖かい眼差しがいま目に浮かんでくる。トインビー・市民の会での広範な活動は、わたくしにとって「価値ある社会的影響」を実地に検証する貴重な経験となった。

これらのほかにも、トインビーにまつわる思い出はつきないものがある。一九六七年にトインビーが三度目の来日をとげた折、京都の国際会館で心をはずませながらその講演に接したときの感動は、いまもって忘れがたいものがある。また「トインビーと現代」をテーマとした八王子の大学セミナーに、鈴木成高、山本新、秀村欣二先生たちとともに参加し、多くの学生たちと夜を明かして語りあったことも、楽しい思い出の一つである。今後さらに、これらの私的回想をこえて、トインビーと山本先生がのこされた偉大な知的遺産の上に、新しい世界史像をきずく比較文明論の道がきずかれることを望みたい。現在、山本先生が創設された「文明論研究会」を中心に準備がすすめられ、今秋に予定される「比較文明論学会」の創設は、その歴史的な黎明を告げるものとなろう。

さいごに、本書の出版は、恩師山本新先生のご推挙によるものである。先生の学恩にたいするかぎりない感謝と、「本ができたらぜひ出版記念会をやりましょう」と心待ちにしてくださった生前のお姿を熱く胸にきざみつつ、この小著をご霊前に捧げるものとしたい。

なお本書に収められた写真の多くは、写真家の斉藤康一氏と杉山吉良氏（電力中央研究所提供）の撮影によるものである。本書への掲載を快諾されたお二人のご好意にお礼を申しあげる。

あわせて清水書院の清水幸雄氏のご厚情と編集部の徳永隆氏のご助力に、心からの謝意を表したい。

トインビー年譜

西暦	年齢	年譜	参考事項
一八八九		4・14、ロンドンに生まれる。	
九一	2		露仏同盟締結。
九四	5		日清戦争おこる（～九五）。
九八	9		米西戦争おこる。
九九	10		ボーア戦争おこる（～一九〇二）。
一九〇二	13	ウィンチェスターのコレッジ－オヴ－セント－メアリー校に入学。	日英同盟締結。
〇四	15		日露戦争おこる（～〇五）。 英仏協商締結。
〇七	18	セント－メアリー校を卒業。オックスフォード大学のベイリオル－コレッジに入学。	英露協商締結。
一一	22	ベイリオル－コレッジを卒業し、同学寮のフェロー（研究員）兼テューター（学生指導教師）となる。翌年の夏まで、ローマとアテネにあるイギリス考古学研究所研究生として、ギリシア・ローマ史の史蹟を実地に検	辛亥革命おこる。

		分する。	
一九一二	23	ベイリオル－コレッジのテューターとして学生を指導。	第一次バルカン戦争。中華民国成立。
一三	24	ギリシア古典研究の第一人者ギルバート＝マレーの娘ロザリンドと結婚。	第二次バルカン戦争。
一四	25	ツキュディデスを講読中、ギリシア文明の挫折と西洋文明の挫折との「哲学的同時代性」を発想。	第一次世界大戦勃発（〜一八）。
一五	26	大学を辞し、イギリス外務省政治情報部に勤務。処女作の『国民性と戦争』を出版。	日本、中国に21ヵ条の要求。
一六	27	『オスマン帝国におけるアルメニア人の処遇』を出版。長男シオドア＝フィリップ生まれる。	中国、文学革命はじまる。
一七	28		ロシア革命おこる。
一九	30	パリ講和会議に中東地域専門委員として出席。ロンドン大学キングス－コレッジのコライス記念講座担当教授に就任。	パリ講和会議。中国、五・四運動はじまる。
二〇	31	オスワルト＝シュペングラーの『西洋の没落』を読み、比較文明論に開眼。	国際連盟成立。
二一	32	ギリシア・トルコ交戦地域を視察。その記事を「マンチェスター－ガーディアン」紙に連載。主著『歴史の研究』の全構想を得る。	トルコ国民軍、ギリシア軍を撃退する。ワシントン会議（〜二二）。

一九二二	33	『ギリシアとトルコにおける西洋問題』(文明単位の最初の著作)を出版。	トルコ革命。九ヵ国条約調印。
二四	35	ロンドン大学コライス記念講座担当教授を辞任。『ギリシア文明とその性格』『ギリシアの歴史思想』出版。	
二五	36	王立国際問題研究所(チャタム－ハウス)の研究部長に就任。『国際問題大観』の執筆に当たる。ロンドン大学国際史研究教授に就任。	ロカルノ条約調印。
二六	37	『平和会議後の世界』を出版。	
二九	40	京都で開かれた第三回「太平洋問題調査会」にイギリス代表団の一員として来日。7月から翌年1月まで、ヨーロッパ、小アジア、西アジア、日本、朝鮮、中国、ソヴィエトを旅行。	世界恐慌おこる。
三〇	41	『歴史の研究』の執筆開始。	
三一	42	『中国への旅』(二九年の旅行記)を出版。	満州事変おこる。
三四	45	『歴史の研究』(一～三巻)を出版。	ヒトラー、総統兼首相となる。
三七	48	イギリス学士院会員に推薦される。	日中戦争おこる。
三九	50	『歴史の研究』(四～六巻)を出版。王立国際問題研究所の対外調査出版室長に就任。	第二次世界大戦勃発(～四五)。
四二	53	「国際関係評議会」の招きをうけ、アメリカ各地で講演。	
四三	54	外務省調査部長に就任。	

一九四五	56	パリ平和会議にイギリス代表団の一員として出席。外務省調査部長辞任。	ドイツ、日本の降伏。
四六	57	『試練に立つ文明』、『歴史の研究』（サマヴェル縮刷版、一～六巻）を出版。ロザリンドと離婚し、ヴェロニカ＝マジョリー＝ボウトラーと結婚。	第一回国際連合総会。日本国憲法公布。
四七	58	アメリカの各大学で連続講演。	マーシャル－プラン発表。コミンフォルム結成。
四九	60		北大西洋条約機構成立。
五〇	61		朝鮮戦争おこる（～五三）。
五一	62	A・V・ファウラー編集の『戦争と文明』を出版。	
五三	64	メキシコへ研究旅行。『世界と西洋』を出版。	
五四	65	『歴史の研究』（七～一〇巻）を出版。	ジュネーヴ協定調印。
五五	66	王立国際問題研究所調査部長、ロンドン大学国際史研究教授を辞任。ロンドン大学名誉教授となる。	アジア・アフリカ会議。
五六	67	『歴史の研究』（サマヴェル縮刷版、七～一〇巻）を出版。名誉勲位保持者（C・H）に推薦される。オックスフォード大学ベイリオル－コレッジ名誉フェローとなる。	スエズ動乱。ハンガリー暴動。

		『一歴史家の宗教観』を出版。国際文化会館の招きで二回目の来日。2月から翌年8月まで、南米、ニュージーランド、オーストラリア、インドネシア、日本、東南アジア、インド、セイロン、パキスタン、中東を研究旅行。	日本、国連に加盟。
一九五七	68	『歴史の教訓』(日本での講演集)を出版。	モスクワ共同宣言。
五八	69	P・バグビーの『文化と歴史』を読み、文明表の大修正に着手。『歴史の研究』(一一巻、地図・地名索引)、『現代宗教の課題』、『東から西へ』(世界一周の旅行記)を出版。	
五九	70	『ヘレニズム』を出版。	ヨーロッパ経済共同体発足。
六〇	71	2〜7月、パキスタン、アフガニスタン、インドを旅行。	日米新安全保障条約調印。
六一	72	『歴史の研究』(一二巻、再考察)、『オクサスとジャナムのあいだ』を出版。アメリカ、カナダ、プエルトリコを旅行。12月、エジプト旅行。	
六二	73	『アメリカと世界革命』、『西半球の経済』、『現代西欧文明の実験』を出版。	キューバ危機。
六三	74	『現代人への疑問』(息子フィリップとの対談集)を出版。	部分的核実験停止条約調印。
六四	75	2〜4月、ナイジェリア、スーダン、エチオピア、エジプ	

一九六五	76	ト、リビアを旅行。10月～翌年3月、アメリカ講演旅行。『ハンニバルの遺産』（二巻）、『ナイルとニジェールのあいだに』を出版。	ヴェトナム戦争激化。
六六	77	『現代が受けている挑戦』を出版。	中国、文化大革命おこる。
六七	78	京都産業大学の招きで三回目の来日。『交遊録』を出版。	ヨーロッパ共同体発足。中東戦争おこる。
六八	79	日本政府より、勲一等瑞宝章をおくられる。	
六九	80	『回想録』（自伝）、『ギリシア史の諸問題』、『日本の印象』（来日中の諸文を収録）を出版。	人類、初めて月に達する。
七〇	81	『爆発する都市』を出版。	
七一	82	『未来を生きる』（若泉敬氏との対談集）、続編『トインビーと〃あなた〃との対話』を出版。	中国、国連の代表権獲得。
七二	83	『図説・歴史の研究』（トインビー自身による主著の縮刷版）を出版。	日本、沖縄復帰。日中国交正常化。
七三	84	『コンスタンティン・ポルフィロゲニトスとその時代』を出版。	ヴェトナム和平協定調印。石油ショック。第4次中東戦争。
七四	85	『歴史と現代・未来』（アーバンとの対談集）を出版。	
七五	86	『二十一世紀への対話』上・下（池田大作氏との対談集）、	ヴェトナム戦争終結。

一九七六		『日本の活路』を出版。 10・22、ヨーク市で死去。 遺著『人類と母なる大地』を出版。	ロッキード事件。

参考文献

●主著『歴史の研究』

縮刷版『歴史の研究』（原本一～六巻、サマヴェル版） 蠟山政道ほか訳 —— 社会思想研究会出版部 一九四九～五二

〃 『続・歴史の研究』（原本七～一〇巻、サマヴェル版） 長谷川松治訳 —— 社会思想研究会出版部 一九五七

（正続併せて、全五巻、長谷川松治訳、現代教養文庫、社会思想社、一九六三～六四。「トインビー著作集」一～三、社会思想社、一九六七）

縮小版『歴史の研究』（サマヴェル版の縮小、「世界の名著」61） 長谷川松治訳 中央公論社 一九六七

完訳『歴史の研究』（全二五巻） 下島連ほか訳 「歴史の研究」刊行会のち経済往来社 一九六六～七二

『図説・歴史の研究』（原本一～一二巻のトインビーによる縮刷版） 桑原武夫ほか訳 —— 学習研究社 一九七五

●その他の著作

『試練に立つ文明』 深瀬基寛訳 —— 社会思想研究会出版部 一九五二

『世界と西欧』 吉田健一訳 —— 社会思想研究会出版部 一九五三

『歴史の教訓』 松本重治編訳 —— 岩波書店 一九五七

『一歴史家の宗教観』 深瀬基寛訳 —— 社会思想研究会出版部 一九五九

『戦争と文明』 山本新・山口光朔訳 —— 社会思想研究会出版部 一九五九

『東から西へ』　黒沢英二訳　――　毎日新聞社　一九五九
（長谷川松治訳、「トインビー著作集」七、社会思想社、一九六七）
『現代宗教の課題』　山口光朔訳　――　日本ＹＭＣＡ出版部　一九六〇
『ヘレニズム』　秀村欣二・清永昭次訳　――　紀伊国屋書店　一九六一
『アジア高原の旅』　黒沢英二訳　――　毎日新聞社　一九六二
（『オクサスとジャナムのあいだ』、安田章一郎訳、「トインビー著作集」七、社会思想社、一九六七）
『失われた自由の国』　黒沢英二訳　――　毎日新聞社　一九六二
（『アメリカと世界革命』、大橋健三郎訳、「トインビー著作集」六、社会思想社、一九六七）
『文明の実験』　黒沢英二訳　――　毎日新聞社　一九六三
（『現代西欧文明の実験』、増田英夫訳、『トインビー著作集』六、社会思想社、一九六七）
『現代人の疑問』　黒沢英二訳　――　毎日新聞社　一九六四
『西半球の経済』（「トインビー著作集」六）　増田英夫訳　――　社会思想社　一九六七
『ナイルとニジェールの間』　永川玲二訳　――　新潮社　一九六七
『交遊録』　長谷川松治訳　――　オックスフォード大学出版局　一九六八
『ハンニバルの遺産』（縮刷版）　秀村欣二・清永昭次訳　――　河出書房新社　一九六九
『回想録』Ｉ・Ⅱ　山口光朔・増田英夫訳　――　オックスフォード大学出版局　一九六九
『未来を生きる』　毎日新聞社外信部訳　――　毎日新聞社　一九七一
『トインビーと〝あなた〟との対話』　毎日新聞社外信部訳　――　毎日新聞社　一九七一
『死について』　青柳晃一ほか訳　――　筑摩書房　一九七二
『日本の活路』　松岡紀雄編訳　――　ＰＨＰ研究所　一九七五

『二十一世紀への対話』上・下　トインビー・池田大作――新潮社　一九七五
『爆発する都市』　長谷川松治訳――社会思想社　一九七五
『歴史と現代・未来』　山口光朔訳――社会思想社　一九七六
『人類と母なる大地』　山口光朔訳――社会思想社　一九七八

●入門書
『トインビー　人と史観』　鈴木成高、山本新ほか――社会思想社　一九五九
（改訂増補版『トインビー　人と思想』、社会思想社、一九七五）
『トインビー入門』　山本新・秀村欣二編――経済往来社　一九七〇
『わかりやすいトインビー』　山本新――経済往来社　一九七六
『トインビーの宗教観』　山本新編――第三文明社　一九七四
『トインビーのアジア観』　山本新編――第三文明社　一九七五
『トインビーの歴史観』　山本新編――第三文明社　一九七六
『トインビーの中国観』　山本新・秀村欣二編――社会思想社　一九七八

●研究書
『文明の構造と変動』　山本新――創文社　一九六一
『トインビーと文明論の争点』　山本新――勁草書房　一九六九
『トインビー』（人類の知的遺産74）　山本新――講談社　一九七八
『トインビー研究』　平田家就――経済往来社　一九七三
『比較文明論の試み』　堤彪・吉澤五郎編――論創社　一九八一

＊トインビー関係文献の詳細については、吉澤五郎編「トインビー文献目録」Ⅰ・Ⅱを参照されたい。

第1文明表（1954年まで）

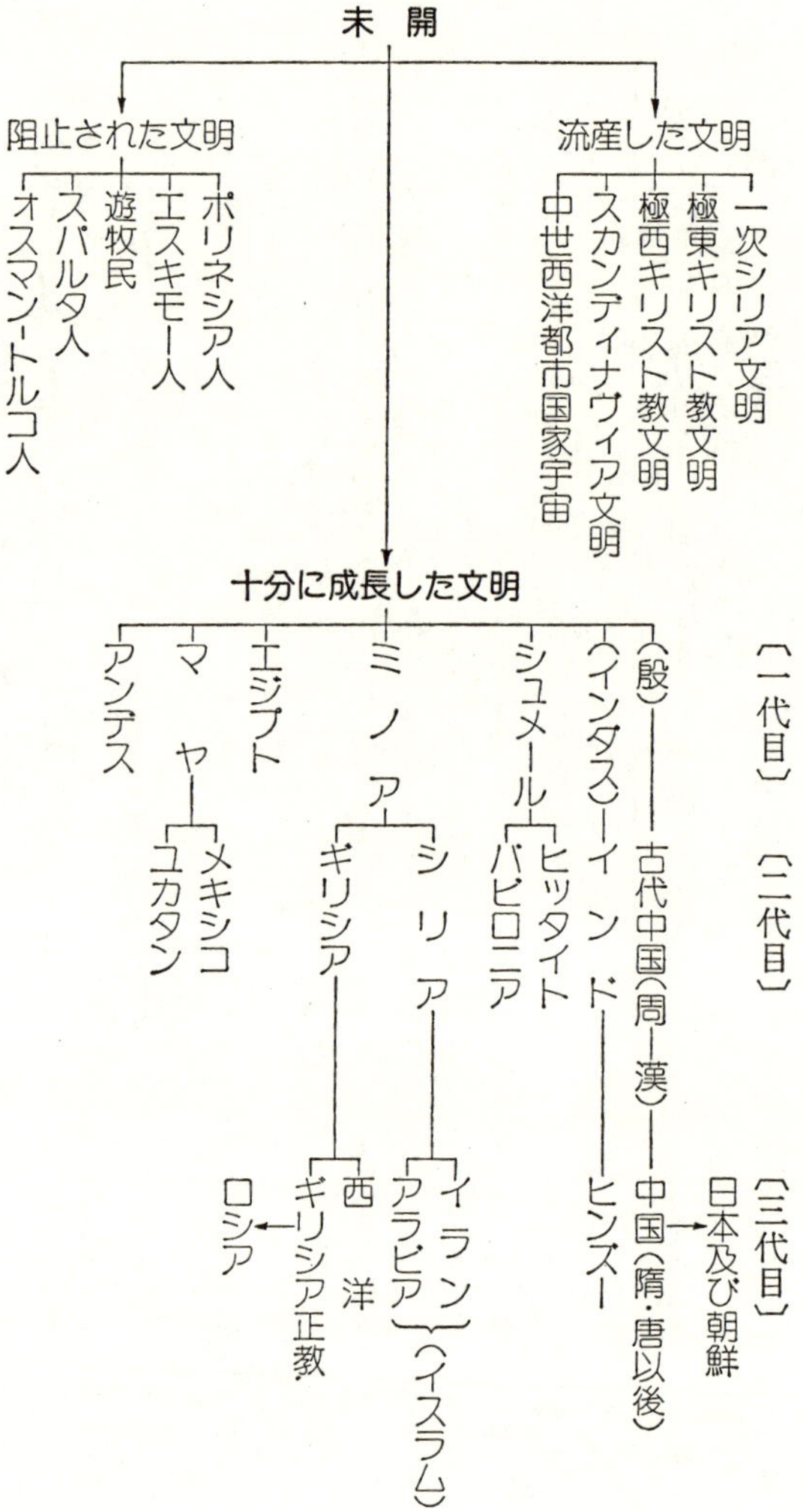

『再考察』の文明表（1961年）

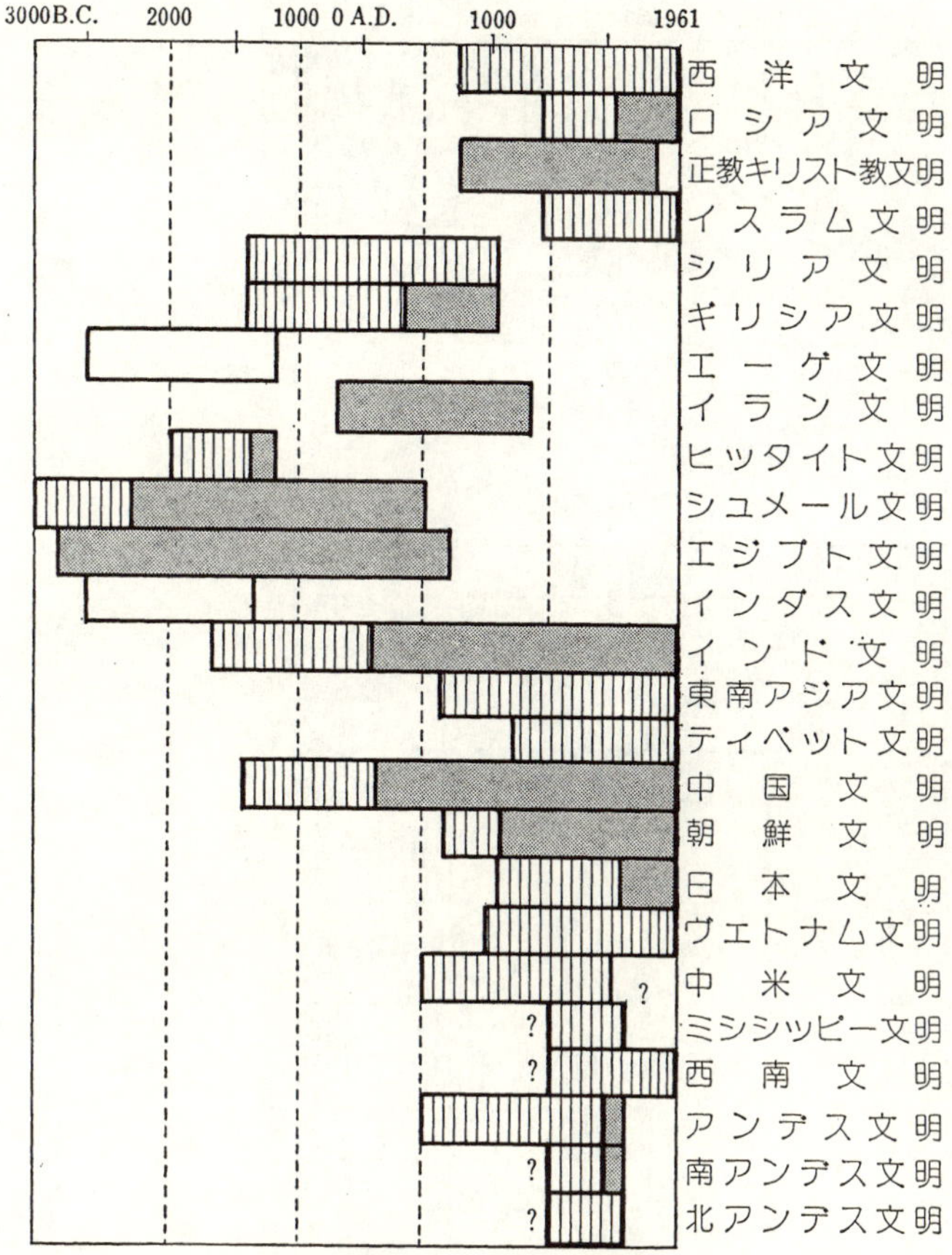

『図説　歴史の研究』の文明表（1972年）

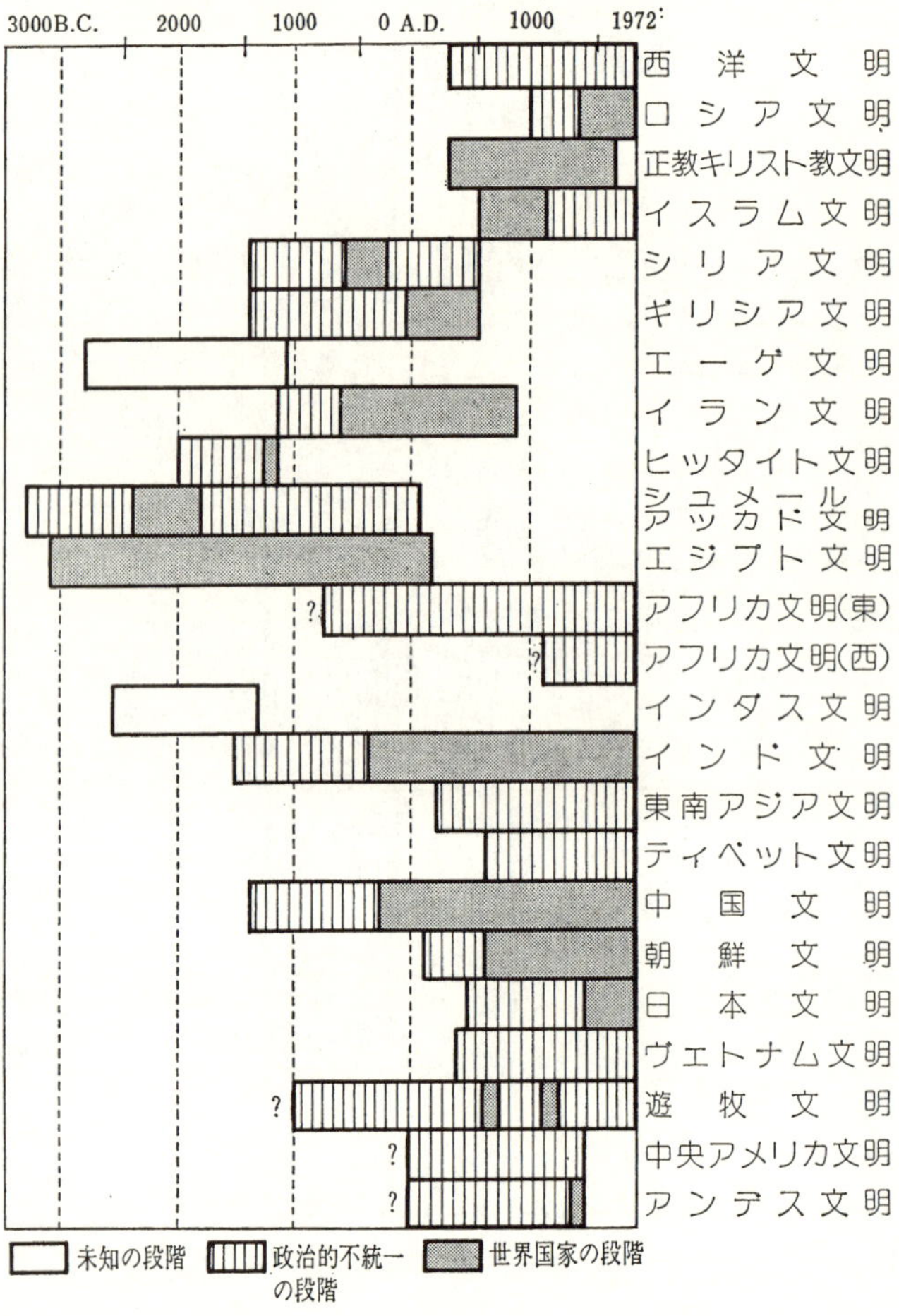

『図説　歴史の研究』による最終の文明表（一九七二年）

1　独立文明

●他文明と関係なし　中央アメリカ文明、アンデス文明

●親文明なし　シュメール－アッカド文明、エジプト文明、エーゲ文明、インダス文明、中国文明

●親文明あり

シリア文明――シュメール－アッカド、エジプト、エーゲ、ヒッタイトの諸文明の子文明

ギリシア文明――エーゲ文明の子文明

インド文明――インダス文明の子文明

アフリカ文明――まずエジプト文明、ついでイスラム文明、さらに西欧文明の子文明

正教キリスト教文明
西欧文明
イスラム文明　｝――シリア文明、ギリシア文明の双方の子文明

2　衛星文明

ミシシッピ文明
「南西部」文明　｝――中央アメリカ文明の衛星文明

北アンデス文明
南アンデス文明　｝――アンデス文明の衛星文明

エラム文明――シュメール－アッカド文明の衛星文明

ヒッタイト文明――シュメール－アッカド文明の衛星文明

ウラルトゥ文明——シュメール－アッカド文明の衛星文明
イラン文明——まずシュメール－アッカド文明の、ついでシリア文明の衛星文明
メロエ文明——エジプト文明の衛星文明
朝鮮文明
日本文明
ヴェトナム文明 ——中国文明の衛星文明
イタリア文明
東南アジア文明——まずインド文明の衛星文明、ついで、インドネシアとマラヤのみについては、イスラム文明の衛星文明
ティベット文明
ロシア文明——まずギリシア正教文明の、ついで西欧文明の衛星文明
遊牧文明——ユーラシアおよびアフラシアのステップに近接する定着諸文明の衛星文明

3 流産した文明

初期シリア文明——エジプト文明によって凌駕される
ネストリウス派キリスト教文明——イスラム文明によって凌駕される
単性論派キリスト教文明——イスラム文明によって凌駕される
極西キリスト教文明——西欧文明によって凌駕される
スカンディナヴィア文明——西欧文明によって凌駕される
西欧中世の都市国家的コスモスの文明——近代西欧文明によって凌駕される

さくいん

トインビー■人と思想69　　定価はカバーに表示

1982年２月15日　第１刷発行©
2015年９月10日　新装版第１刷発行©

・著　者 …………………………… 吉澤《よしざわ》　五郎《ごろう》
・発行者 …………………………… 渡部　哲治
・印刷所 ………………… 法規書籍印刷株式会社
・発行所 ………………… 株式会社　清水書院

〒102-0072　東京都千代田区飯田橋3-11-6
Tel・03(5213)7151～7
振替口座・00130-3-5283
http://www.shimizushoin.co.jp

検印省略
落丁本・乱丁本は
おとりかえします。

CenturyBooks

Printed in Japan
ISBN978-4-389-42069-7

CenturyBooks

清水書院の〝センチュリーブックス〟発刊のことば

近年の科学技術の発達は、まことに目覚ましいものがあります。月世界への旅行も、近い将来のこととして、夢ではなくなりました。しかし、一方、人間性は疎外され、文化も、商品化されようとしていることも、否定できません。

いま、人間性の回復をはかり、先人の遺した偉大な文化を継承して、高貴な精神の城を守り、明日への創造に資することは、今世紀に生きる私たちの、重大な責務であると信じます。

私たちがここに、「センチュリーブックス」を刊行いたしますのは、人間形成期にある学生・生徒の諸君、職場にある若い世代に精神の糧を提供し、この責任の一端を果たしたいためであります。

ここに読者諸氏の豊かな人間性を讃えつつご愛読を願います。

一九六六年

清水 梼 (signature)

SHIMIZU SHOIN

【人と思想】既刊本

老子	高橋　進
孔子	内野熊一郎他
ソクラテス	中野　幸次
釈迦	副島　正光
プラトン	中野　幸次
アリストテレス	堀田　彰
イエス	八木　誠一
親鸞	古田　武彦
ルター	小牧　治 泉谷周三郎
カルヴァン	渡辺　信夫
デカルト	伊藤　勝彦
パスカル	小松　摂郎
ロック	浜林正夫他
ルソー	中里　良二
カント	小牧　治
ベンサム	山田　英世
ヘーゲル	澤田　章
J・S・ミル	菊川　忠夫
キルケゴール	工藤　綏夫
マルクス	小牧　治
福沢諭吉	鹿野　政直
ニーチェ	工藤　綏夫
J・デューイ	山田　英世
フロイト	鈴村　金彌
内村鑑三	関根　正雄
ロマン=ロラン	村上　嘉隆 村上　益子
孫文	横山　英 中山　義弘
ガンジー	坂本　徳松
レーニン	中野　徹三 高岡健次郎
ラッセル	金子　光男
シュバイツァー	泉谷周三郎
ネルー	中村　平治
毛沢東	宇野　重昭
サルトル	村上　嘉隆
ハイデッガー	新井　恵雄
ヤスパース	宇都宮芳明
孟子	加賀　栄治
荘子	鈴木　修次
アウグスティヌス	宮谷　宣史
トーマス・マン	村田　經和
シラー	内藤　克彦
道元	山折　哲雄
ベーコン	石井　栄一
マザーテレサ	和田　町子
中江藤樹	渡部　武
ブルトマン	笠井　恵二
本居宣長	本山　幸彦
佐久間象山	奈良本辰也 左方　郁子
ホッブズ	田中　浩
田中正造	布川　清司
幸徳秋水	絲屋　寿雄
スタンダール	鈴木昭一郎
和辻哲郎	小牧　治
マキアヴェリ	西村　貞二
河上肇	山田　洸
アルチュセール	今村　仁司
杜甫	鈴木　修次
スピノザ	工藤　喜作
ユング	林　道義
フロム	安田　一郎
マイネッケ	西村　貞二
エラスムス	斎藤　美洲
パウロ	八木　誠一
ブレヒト	岩淵　達治
ダンテ	野上　素一
ダーウィン	江上　生子
ゲーテ	星野　慎一
ヴィクトル=ユゴー	辻　昶 丸岡　高弘
トインビー	吉沢　五郎
フォイエルバッハ	宇都宮芳明

ラス=カサス　染田秀藤
吉田松陰　高橋文博
パステルナーク　前木祥子
パース　岡田雅勝
南極のスコット　中田　修
アドルノ　小牧　治
良寛　山崎　昇
グーテンベルク　戸叶勝也
ハイネ　一條正雄
トマス=ハーディ　倉持三郎
古代イスラエルの預言者たち　木田献一
シオドア=ドライサー　岩元　巌
ナイチンゲール　小玉香津子
ザビエル　尾原　悟
ラーマクリシュナ　堀内みどり
フーコー　今村仁司・栗原　仁
トニ=モリスン　吉田廸子
悲劇と福音　佐藤　研
リルケ　星野慎一・小磯　仁
トルストイ　八島雅彦
ミリンダ王　森　祖道・浪花宣明
フレーベル　小笠原道雄

ヴェーダからウパニシャッドへ　針貝邦生
ベルイマン　小松　弘
アルベール=カミュ　井上　正
バルザック　高山鉄男
モンテーニュ　大久保康明
ミュッセ　野内良三
ヘルダリーン　小磯　仁
チェスタトン　山形和美
キケロー　角田幸彦
紫式部　沢田正子
デリダ　上利博規
ハーバーマス　小牧　治・村上隆夫
三木清　永野基綱
グロティウス　柳原正治
シャンカラ　島　岩
ハンナ=アーレント　太田哲男
ミダース王　西澤龍生
ビスマルク　加納邦光
オパーリン　江上生子
アッシジのフランチェスコ　川下　勝
スタール夫人　佐藤夏生
セネカ　角田幸彦

ペテロ　川島貞雄
ジョン・スタインベック　中山喜代市
漢の武帝　永田英正
アンデルセン　安達忠夫
ライプニッツ　酒井　潔
アメリゴ=ヴェスプッチ　篠原愛人
陸奥宗光　安岡昭男